2025 全国社会工作者职业水平考试辅导用书

U0693873

社会工作实务

考试过关分层练

SHEHUI GONGZUO SHIWU
KAOSHI GUOGUAN FENCENGLIAN

2025

中级

全国社会工作者职业水平考试过关分层练编写组　编写

中国社会出版社

国家一级出版社·全国百佳图书出版单位

图书在版编目（CIP）数据

社会工作实务（中级）考试过关分层练 / 全国社会
工作者职业水平考试过关分层练编写组编写 . -- 北京 ：
中国社会出版社 ，2025．2（2025．3 重印）． --（全国社会工
作者职业水平考试辅导用书 / 许莉娅主编）． -- ISBN 978-7-
5087-7173-1

Ⅰ．D632-44

中国国家版本馆 CIP 数据核字第 2025RK6115 号

社会工作实务（中级）考试过关分层练

出 版 人：程　伟

责任编辑：薛丽仙

装帧设计：尹　帅

出版发行：中国社会出版社

　　　　　（北京市西城区二龙路甲 33 号　邮编 100032）

印刷装订：河北鑫兆源印刷有限公司

版　　次：2025 年 2 月第 1 版

印　　次：2025 年 3 月第 3 次印刷

开　　本：185mm×260mm　1/16

字　　数：280 千字

印　　张：11.75

定　　价：50.00 元

全国社会工作者职业水平考试
过关分层练编写组

主　编：许莉娅

编　委：周　军　孙立亚

　　　　苗艳梅　王冬梅

本书导航

本书亮点

● **名师主编**

本书由具有 30 多年社会工作专业教学、研究与实务经验和 17 年全国社会工作者职业水平考试辅导与讲解经验的国内知名专家带队倾力打造。

● **紧扣新版指导教材**

本书紧扣新版教材，并第一时间推出！凡是法规与政策有变动的，皆以现行的法规与政策为准。

● **配合互联网在线专家答疑和模拟题等学习资源**

购买正版教材的考生可关注微信公众号"社工图书专营店"以获得更多考前专家答疑、紧扣新版教材的海量章节复习题、在线全真模拟考试等学习资源。

《社会工作实务（中级）》科目试卷构成

每年一次的全国社会工作师职业水平考试包括三门科目：《社会工作综合能力（中级）》《社会工作实务（中级）》《社会工作法规与政策》。社会工作师考试成绩实行两年一个周期的滚动管理办法，考生须在连续两个考试年度内通过全部科目的考试，方可取得社会工作师职业资格证书。考试地点一般设在省会城市和直辖市的大中专院校或高考定点学校，具体地址会在准考证上标明。考生应考时应携带黑色墨水的钢笔或签字笔、2B铅笔、橡皮等工具。

《社会工作实务（中级）》科目考试的时间及试题类型如下。

考试时间	两个半小时
试卷满分	100 分
及格（通过）标准	60 分

续表

试题类型	案例分析题	共 4 道题，每题 20 分； 要求考生结合给出的案例回答提出的问题
	方案设计题	1 道题，20 分； 要求考生结合给出的案例设计契合的服务方案
备注		回顾历年考试情况，案例分析题与方案设计题的比例一般是 4：1，但并不排除 2025 年有比例变动的可能

注：本表格仅供参考，具体以权威部门公布的正式信息为准。

如何有效使用本书

本书紧扣考试大纲，覆盖教材全部知识点，拟定 4 个层次的试题，包括基础题、提高题、易错题和闯关题。请考生在熟读教材，并根据考试大纲熟记知识点的基础上，循序渐进地按照基础题、提高题、易错题、闯关题的顺序进行演练。本书在最后附有两套全真模拟试题，是编写组的专家在全面分析历年考试真题的覆盖面、案例情境和各章节比重的基础上精心设计的，请全面复习考试指导教材之后，再完成这两套全真模拟试题，以便检测自己在全面复习后、迎接正式考试前的学习效果。

温馨提示：全真模拟试题重点在于模拟参加正式考试的情境，包括了解自己的复习水平、对考试时间和答题节奏的把握，千万不要纯粹背题，而应把重点放在对知识点的理解、记忆和实际应用上。

为养成良好的考试答题习惯，请严格控制考试时间，在 150 分钟之内完成。

特别声明：本书考题中所列人员名称均为化名，如有雷同，纯属巧合。

如何使用考试教材及回答问题

● 对比阅读教材

《社会工作实务（中级）》考试与另外两个科目不同，《社会工作综合能力（中级）》和《社会工作法规与政策》两个科目考试全部为客观题，而《社会工作实务（中级）》考试则为主观题，要求考生结合给出的案例进行分析和方案设计，因此，题目所涉及的考点范围不仅仅是《社会工作实务（中级）》这一本书，还有可能涉及《社会工作综合能力（中级）》和《社会工作法规与政策》这两本书的内容。以如下案例分析题为例。

案例：

丽芬是一名普通的农村妇女，其丈夫没有固定工作，有酗酒的习惯，酒后经常对丽芬施虐。丽芬是家庭的经济支柱，育有一个女儿。因为有重男轻女等思想，丈夫和婆婆都认为生女儿是她的错。丽芬经常向同村的好姐妹们诉苦，但是她们都认为要顾及面子，让她忍气吞声。丽芬曾在无奈之下向当地妇联和派出所民警求助，都没有得到实质性的帮助。

有段时间，丽芬因为不堪苦恼，想自杀；她自己也越来越觉得这就是她的命，不可改变；也认为生女儿是她的错。

问题：

1. 根据增能社会工作的假设，丽芬的无力感是怎样形成的？

2. 在优势视角看来，丽芬的资源主要有哪些？

3. 从个人、小组、社区3个层面，分析解决丽芬问题的简要策略。

注意：此题考点涉及的内容包括《社会工作综合能力（中级）》第四章社会工作理论中的增能理论和社会支持理论，第五章至第七章的个案工作、小组工作和社区工作，以及《社会工作实务（中级）》第一章理论依据中的优势视角和第六章妇女社会工作的相关内容。由此可见，只有全面熟悉掌握三本教材的内容，理解知识之间的逻辑关系，才能够很好地回答《社会工作实务（中级）》科目的试题。社会工作师考试科目内容之间的关系如下图所示。

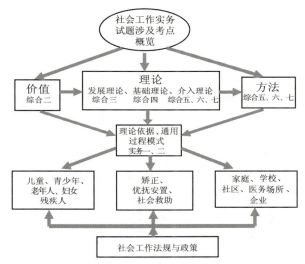

《社会工作综合能力》是《社会工作实务》的理论基础，其中："价值"是社会工作的核心和灵魂；"理论"分为3个层次，即关于人的发展理论、社会工作的基础理论和介入理论；三大方法，特别是其中的介入模式是操作的指引。《社会工作法规与政策》是《社会工作实务》的政策依据。而《社会工作实务》的第一章可以理解为是《社会工作综合能力》"理论"的第四个层次，第二章的通用过程则是具体的助人步骤。对于《社会工作实务（中级）》一书而言，第一章、第二章是全书的纲领，一定要读熟、记忆，后面的章节分两个角度：一是服务对象角度，即儿童、青少年、老年人、妇女、残疾人、矫正对象、优抚对象、救助对象，一定要注意不同人群的特殊性，例如儿童的被保护性、老人的防虐待与忽视、妇女的性别平等及增权、残疾人的被歧视等；二是领域角度，即学校、家庭、社区、医务场所、企业，要注意不同领域的资源与限制。

● **寻找案例分析题的出题点**

回顾历年考题，结合教材知识点，以下案例分析题的出题点是需要特别关注的。

1. 根据给出的案例分析服务对象的需要和问题

此类题目在历年试题中出现频率最高，回答此类试题需注意以下几点。

①充分运用案例信息。回答问题前一定要仔细阅读题目中给出的案例，看完提出的问

题后，再次反复阅读案例，把案例中关于服务对象需要的描述充分地摘要出来，并进行梳理作答。

②认真分析题目要求。有时题目会要求考生依据一定的理论框架作答，通常可依据的理论框架包括人类行为与社会环境理论、系统理论或生态系统理论和马斯洛的需求层次理论。如果是要求以人类行为与社会环境理论或系统理论为框架分析，考生可从服务对象的生理、心理及社会发展需要角度，以及需要的环境支持角度归纳案例给出的信息；如果是要求以生态系统理论为框架分析，考生则要注意"栖息地"和"生活空间"等概念；如果是要求以马斯洛需求层次理论为框架，考生应按照马斯洛对人类需求划分的 5 个层次从案例描述中进行摘要作答。

如果没有具体的框架要求，考生就应注意案例中涉及的特定服务对象。比如，如果是儿童案例，就应该以儿童社会工作一章中"关于儿童的生存、发展、受保护和社会化" 4 种需要为框架作答；如果案例涉及的服务对象是青少年，就要特别关注青少年的自我同一性需要及其个体发展的 9 个方面；如果是老年人案例，就应该以老年社会工作一章中"健康维护"等 8 个方面的需要为框架；如果服务对象是妇女，要特别注意社会性别概念，除了"生命保障、生殖健康、权益和发展保障"三大需要，还要特别关注妇女的实用性社会性别需求和战略性社会性别需求。

③注意"问题"概念。"问题"的概念在这里有几层含义：第一，问题是指服务对象具有的心理或行为偏差。例如，青少年的偷盗行为、老年人的精神抑郁等，这些问题也可以从需要的视角看待，青少年有修正行为的需要、老年人有精神治疗的需要等；第二，问题是指环境造成的对服务对象需要满足的阻碍和伤害，例如，青少年的偷盗行为是因为家庭暴力致使孩子离家流浪所致，老年人精神抑郁是儿女虐待造成的；第三，教材中有的章节列出了关于服务对象问题的内容，有的章节没有，回答时要注意参考教材的内容，例如，老年社会工作一章中就有"老年人的问题"内容，包括"疾病与医疗问题、家庭照顾问题、宜居环境问题、代际隔阂问题、社会隔离问题"。

另外，要注意关于服务对象需要的试题有变换提问的可能。例如，根据案例分析服务对象的哪些基本权利被剥夺，这样的提问常见于针对儿童、老年人、妇女、残疾人等服务对象。

2. 根据给出的案例分析服务对象的社会处境

此类题目主要参考《社会工作实务（中级）》第二章社会工作实务通用过程第二节预估的内容，可以提出的问题包括要求考生作服务对象的社会历史报告、画出家庭结构图和社会生态系统图、分析社会网络等。回顾历年考题，曾经出过画家庭结构图的考题，其他 3 种方法都没有出过。笔者认为，此处有出题的可能。因此，考生要熟悉并学会运用教材中预估的 4 种方法，学习的技巧是可以尝试用这 4 种方法对自己作出预估。

3. 根据给出的案例分析评价社会工作者的服务方案

此类问题给出的应该是一个完整的介入案例，要求考生对社会工作者的介入进行评析。此类是比较高级的题目，回答此类问题可以从服务方案的价值理念、依据的理论、实施的程序及运用的方法和技巧等依次回答。有可能试题会有具体的指引，例如，要求考生从价值理念、依据理论、实施程序或运用的方法及技巧等角度回答问题的具体要求。

4. 根据给出的案例分析界定社会工作的 4 个系统

此类问题的考点内容在《社会工作实务（中级）》第一章的第三节。试题会有具体的要求，例如，在 2013 年的考试中曾经出过依据案例列出行动系统的试题，很有可能再次出现依据案例列出目标系统的试题。此类试题答案明确，易于鉴别。

5. 根据给出的案例识别服务对象及环境中的资源或积极因素

此类问题出现极可能有优势视角的理论框架要求。回答此类问题，首先要回答优势视角的基本观点，其次分别从给出的案例中归纳服务对象个人和环境两个方面的积极因素。

6. 根据给出的案例分析服务对象的问题成因

此类问题往往有理论视角，例如，前面关于服务对象丽芬的案例分析题中提出的"根据增能社会工作的假设，丽芬的无力感是怎样形成的？"再如，有可能给出一个青少年案例，案例中的服务对象有一些偏差行为，提出的问题有可能是"请用标签理论解释服务对象问题的形成原因"。回答此类问题，一定要先回答该理论的基本观点，然后再结合案例进行分析。因此，对理论的熟悉掌握十分重要。

7. 根据给出的案例回答关于"目标""原则""特点""方法""技巧"等问题

此类问题的回答需要对相关的"目标""原则""特点""方法""技巧"等知识点在记忆的基础上进行陈述或描述。

8. 根据给出的案例在界定问题及需要的基础上提出介入策略

严格地说，此类问题不属于案例分析，而是服务方案设计性质的问题，但在历年的考试中常在案例分析题中出现。回答此类问题，往往需要首先界定服务对象的需要和问题，其次提出服务的目的与目标，最后提出介入策略。有时试题会有具体的要求，例如，在前面丽芬的案例分析题中提出的"从个人、小组、社区 3 个层面，分析解决丽芬问题的简要策略"。此时考生就应该从个案工作、小组工作、社区工作 3 个层面进行作答。再如，"请用社会性别分析的方法"或"请用系统脱敏法"等针对具体服务对象特别的方法或具体的介入模式要求，那么考生就必须依据具体要求作答。如果试题没有具体要求，那么选择介入策略就可以从直接介入、间接介入和综合介入角度作答。

● 注意方案设计要纵向契合

回顾历年考试，方案设计题占有五分之一的比例，但不能认定以后没有比例变动的可能。回答方案设计题要注意以下几点：

1. 方案设计题答题要点

通用过程模式适合于所有的服务对象和不同的工作方法，但是在回答方案设计题时不必一定完全按照通用过程的 6 个步骤回答。方案设计的基本构成包括：

① 服务对象需要与问题界定。根据给出的案例信息，归纳出服务对象的需要及问题，包括服务对象个人及环境系统的部分。

② 服务目的与目标。服务目的应该是方向性的、概括性的描述，服务目标则是具体的、需要解决的问题，要求具体明确，且能够完成。也可以分层次设定目标，例如，社区工作中设定为过程目标和任务目标。

③ 介入策略。直接介入：危机救助、对服务对象及目标系统（要确定目标系统，即需要改变的部分）的个别辅导（疏导情绪、调整认知、修正行为等）、协调关系、提供救助、安置服务等，为服务对象开设或转介主题小组；间接介入：环境改善、资源链接等。

④ 方案执行。这是一个行动过程，这部分的内容可以包括社会工作者的主要角色、确认行动系统、预计的困难及解决的策略、监督机制等。

⑤ 方案评估。包括用什么评估方法及如何收集评估资料等。

⑥ 结案。主要针对服务对象负面情绪的处理。

2. 方案设计要纵向契合

方案设计题中的 6 个部分的内容一定要在一条直线上，不可偏离，也就是说，一定要依据服务对象的需要和问题设定服务目标，再依据服务目标设计介入策略，进而实施策略，方案评估要核对服务目标。当然对服务对象的需要和问题的界定是关键，这个环节要求考生一定要仔细阅读题目中给出的案例，梳理、归纳服务对象的需要和问题。

3. 兼顾三大方法

上述主要是整合个案管理取向和通用过程模式提出的答题建议，如果试题要求设计小组工作或社区工作的服务方案，考生可以参照《社会工作综合能力（中级）》中小组工作和社区工作的相关章节作答。

最后，预祝各位考生顺利通过考试！

目录
Contents

第一章

社会工作实务的通用过程模式

1

【本章复习提示】

本章主要介绍社会工作实务通用过程模式的理论依据，考试要点包括通用过程模式的基本视角、通用过程模式的特点、运用通用过程模式时应考虑的因素，以及通用过程模式的四个基本系统及其对社会工作实务的作用。

通用过程模式是本书后续各章阐述的不同对象、不同领域的社会工作实务的基础，而本章的内容是通用过程模式的基础。倘若不把本章内容消化理解，就无法运用通用过程模式为服务对象提供专业服务。

本章内容适合出案例分析题，出题点集中在依据人类行为与社会环境、系统理论、生态系统理论、优势视角这四种理论对案例进行分析，而社会工作的四大系统也是很好的出题点。

单元1 基础题

第一题：案例分析题

案例：

张亮，男，15岁，曾经是一名留守儿童，从小父母就不在身边，由乡下年迈的奶奶照顾长大。张亮的出生是张家的一大喜事，乐坏了爷爷奶奶，全村人都来道喜。张亮是在全村人的夸赞中长大的。张亮很小就知道孝顺奶奶，放学后经常帮奶奶做家务。张亮个子高出同龄孩子很多，篮球打得比较好，在村里是"孩子王"，在学校还是班干部。去年奶奶离世后他被父母接到北京一起生活。张亮的爸爸做装修，有自己的公司，生意还不错，妈妈在一所大学的食堂打工。张亮和父母的感情并不深，父母也曾尝试着关心他，来补偿对他多年的情感缺失，但张亮并不愿意理会。此外，张亮在城里的学校借读，课程跟不上，也感到很不适应，周围的同学经常因为他的口音取笑他，久而久之他就不愿再和同学交流，喜欢一个人独来独往。张亮常常感到很孤独，很想念和奶奶一起在乡下的愉快时光。后来，张亮结识了一群不良少年，开始跟他们混在一起，经常逃课去网吧玩游戏，向父母无节制地要零用钱。对此，他母亲十分焦急和担心，向学校社会工作者小梅求助。

问题：

1. 结合案例，请以生态系统理论视角评估服务对象张亮的生态系统。
2. 结合案例，请以马斯洛需求层次理论评估服务对象张亮的需要。
3. 结合案例，请以优势视角评估服务对象张亮的资源与优势。

【答题要点】

1. 社会工作关注人与环境的磨合，生态系统理论认为，人们和他们所处的环境是相互依赖且彼此辅助的一个整体，人和环境在这个整体里互为对方进行持续的改变和塑造。

依据生态系统理论视角下社会工作实务评估的核心概念和内容，对本案例服务对象张亮作如下分析和评估。

（1）生命周期。生命周期是指人作为生物体从出生、成长、成熟、衰退到死亡的全部过程。在这一过程中，个人发展的相关社会结构及历史变迁中的生活事件会对个人生活产生影响。案例中，张亮一出生就备受欢迎和喜爱，是在家里人的疼爱、全村人的夸赞和同伴的崇拜与追随中长大的，在这里我们看到了家族及村里的社会力量对张亮生命发展阶段的正面影响，但是父母常年不在身边也是一种遗憾。15岁进入青春期，生活环境发生了巨大的改变，由熟悉的村庄来到陌生的城市，从爷爷奶奶身边来到父母身边，由"孩子王""小领袖"变成了被排斥、被嘲笑的对象，支持的环境变成了排斥、歧视的环境，在这种情况下，又一支社会力量——不良少年出来对张亮施加影响。

（2）人际关联能力。人际关联能力是指个人与环境进行交流及有效掌控环境的能力。每个人都需要且拥有与他人连接建立关系的能力，并因此建构个人在未来生命周期中发展出来的各种互惠性的照顾关系。对人际关联能力与状况的评估是认识人与其环境关系的重要指标。本案中的张亮具有极强的人际交往能力，在乡下学校、村子里他是大家拥戴的对象，从幼年生活经验发展出较强的自我效能感。来城里后的挫折是暂时的，正因为本人较强的能力和以往良好的人际交往经验产生的自我期望值较高，才会有后来的失落。

（3）角色。角色是指个人在社会中的角色表现，会受到个人感受、情感、知觉和信念的影响。张亮在乡下学校和村里都是领袖角色，在爷爷奶奶面前是孝顺的孙子，但在父母面前角色扮演遇到些许障碍。以往的生活经验带给张亮对新环境自我角色的高期待与城里现实的遭遇形成强烈的反差。

（4）地位与栖息地。栖息地是指个人在文化脉络中的物理及社会环境，地位是指个人在其所在的环境或社区中所拥有的成员地位。张亮目前经历的两个栖息地及相关的地位形成巨大的反差。

（5）适应力。适应力是指人对环境的适应能力。生态系统理论认为，适应良好是天时、地利、人和下的成功交流，而适应不良则是个人的需求和环境提供的资源、支持之间无法搭配调和的状态。张亮对新环境的不适应是个人需求与环境提供的资源和支持不协调造成的。

2. 马斯洛的需求层次理论认为人有生理、安全、归属与爱（社交）、尊重及自我实现 5 种基本需求，依次构成需求的由低级到高级层次。依据该理论分析评估服务对象张亮的需求如下：

（1）生理需求。这是人类维持自身生存的最基本需求，包括衣、食、住、行等方面的需求。如果这些需求得不到满足，人类的生存就成了问题。马斯洛认为，只有这些最基本的需求满足达到维持生存所必需的程度后，其他的需求才能成为新的激励因素。张亮的生理需求满足没有太大问题，需要注意的是青春期的特别生命周期，青春期的最大动力来自激素，激素促使个体发生生理的变化并产生需求：需要释放青春生命力，需要缓解性的压力，需要生理卫生的维护等。

（2）安全需求。人类安全需要免于恐惧与不确定性，需要身体、生命获得安全感。对张亮来说，安全的需求包括在新环境中获得安全感，避免黑社会等势力的拉拢。

（3）归属与爱的需求。每个人都有一种归属于一个群体的感情，希望成为群体中的一员，并相互关心和照顾；人人都需要伙伴之间的融洽关系或保持友谊和忠诚；人人都需要得到爱情，希望爱别人，也渴望接受别人的爱。但是目前张亮遭到班集体排斥，没有归属感，得不到周围同辈群体的接纳，感受不到友爱。

（4）尊重的需求。尊重的需求又分为内部尊重和外部尊重。内部尊重，即自尊，是指希望在各种不同情境中有实力、能胜任、充满信心、能独立自主。外部尊重是指一个人希望有地位、有威信，受到别人的尊重、信赖和高度评价。张亮目前缺乏在新环境中的实力感和胜任感，得不到群体的尊重、信赖和肯定。

（5）自我实现的需求。这是最高层次的需求，它是指实现个人理想、抱负，发挥个人的最大潜能，完成与自己的能力相称的一切事情的需求，也是一种创造和自我价值得到体现的需求。马斯洛认为，只有基本满足了低级需求后才会产生高级需求，张亮的上述很多需求都没有得到满足，所以此层次的需求也没有得到满足，他现在还没有机会发挥自己的潜能，需要有机会展示自己的理想、抱负，发挥潜力。

3. 优势视角认为每个人、群体、组织和社区都有其内在的能力，包括天赋、知识、社会支持和资源，只要存在适当的条件，就可以建设性地发挥自身功能。优势视角强调评估服务对象的问题和需要时要善于发现和挖掘他们的优点，运用服务对象的优点和自身资源帮助他们解决问题，同时强调服务对象自我能力的提升。

从优势视角出发来分析服务对象张亮的资源状况：

个人的优势：身体健康、个子高有身材优势，品行好、孝顺爷爷奶奶，曾担任班干部、"孩子王"有带队经验，篮球打得好，有运动能力。

环境的优势：从小得到群体的欢迎和喜爱，得到爷爷奶奶的疼爱；爸爸妈妈虽然不在身边但很爱他，并努力想补偿他；爸爸生意不错、家庭收入状况较好，妈妈在大学打工可以得到适当的学校资源支持。虽然目前不能适应新学校的环境和生活，但是新学校有更优质的教师资源、同辈资源、学习资源和环境资源。

第二题：案例分析题

案例：

为了加强社区治理，针对"高空抛物"的问题，某社区的社会工作者与社区居委会主任、志愿者一同出板报进行宣传，同时对部分居民进行入户宣传和劝诫，但收效甚微。社会工作者改变工作策略，召开社区协商会议，听取居民的意见。有居民提出：家长听孩子的话，孩子听老师的话，可以和学校合作。于是，社会工作者从周边学校学生入手，动员老师在校内、班内开展关于"杜绝高空抛物"的宣传、教育活动，使学生们认知到该问题的危害性，并演练相关情形，由学生向家长宣传，以杜绝高空抛物现象。通过这些努力，收到了比较好的效果，"高空抛物"现象大大减少。

问题：

1. 社会工作者在调整工作策略前后的行动系统分别是什么？

2. 在本案例中，社会工作者针对目标系统采取了哪些策略？

【答题要点】

1. 行动系统是指那些与社会工作者一起努力、实现改变目标的人，是社会工作者的合作者。本案例中策略调整前后的行动系统如下：

（1）策略调整前的行动系统包括：社区居委会主任、志愿者。

（2）策略调整后的行动系统包括：居民、老师、学生。

2. 本案例中，社会工作者针对目标系统采取的策略包括：

（1）开展社区板报宣传活动；开展社区居民教育活动；进行有针对性的入户宣传和劝诫。

（2）召开社区协商会议；听取并采纳居民意见。

（3）以学校班级为单位开展宣传教育活动，并进行相关情形的演练。

（4）积极链接优势资源；发挥学生的能动作用，以家庭为单位进行宣传。

单元2 提高题

第一题：案例分析题

案例：

杨女士，35 岁，因患有尿毒症需要不间断地去医院进行血液透析，费用特别高。杨女士因为生病，无法从事正常的工作，只在社区找到一个看门的工作，收入微薄。杨女士的丈夫郭先生 36 岁，一年前在工地干活时受伤，治疗后右手经鉴定为四级残疾，无法继续之前的工作，也没有得到工伤赔偿。郭先生因缺乏其他工作技能，一时也找不到合适的工作，没有经济收入。他们还有一个上初中的儿子需要供养，家庭生活异常困窘。虽然他们一家被认定为低保户，每月可以拿到最低生活保障金，但对他们家庭所需来讲远远不够。对此，郭先生已多次向社区居委会请求给予帮助，但是没有任何回应。

问题：

1. 请运用优势视角的理论，分析郭先生一家的自身资源。

2. 请运用系统理论分析郭先生一家的社会资源。

【答题要点】

1. 优势视角认为每个人、群体、组织和社区都有其内在的能力，包括天赋、知识、社会支持和资源，只要存在适当的条件，就可以建设性地发挥自身功能。优势视角强调评估服务对象的问题和需要时要善于发现和挖掘他们的优点，运用服务对象自身的优势和资源帮助他们解决问题，同时强调服务对象自我能力的提升。

从优势视角的理论出发，郭先生一家的优势资源主要包括：

（1）杨女士还比较年轻，尚有劳动能力，还可以从事一些力所能及的劳动来补贴家用。

（2）郭先生尚有年龄优势，虽然被认定为四级残疾，但仅右手残疾，可以通过一些康复训练锻炼右手，重新恢复劳动能力；通过职业技能培训，增强自己的竞争力，找到合适的工作，从而增加家庭收入。

（3）郭先生上初中的儿子可以帮助父母承担一些家务，给予他们精神支持。

2. 运用系统理论分析郭先生一家的社会资源包括：

系统视角下的社会工作实务注重运用社会资源帮助人们解决问题，满足其自身发展的需要。社会资源包括：①非正式的社会网络资源，主要包括家庭、朋友、邻居、同事、亲戚等提供的精神支持和物质帮助。②正式的社会网络资源，包括工作单位、学校、医院、各种社会服务机构、公安机关等。

对郭先生一家来说，他们可以利用的非正式的社会网络资源有亲戚朋友的帮助、社区邻里的照顾、社会公益人士的资助等，正式的社会网络资源有政府发放的最低生活保障金、残疾人的补助金、孩子的教育救助、残疾人就业指导和职业技能培训、医疗救助等。

第二题：案例分析题

案例：

李女士，女，35岁，大学本科学历，原来是一家医院的护士，身体非常健康，半年前遭遇一场交通事故后双目失明，因此丢掉了工作。李女士的老公是一家私企的中层管理人员，收入很不错，但是工作忙碌，无暇照顾李女士。李女士有一个5岁的女儿，上幼儿园，由保姆接送上学。李女士失明后，母亲搬过来和他们一起生活，照顾她的日常起居，但由于年事已高，身体又不好，逐渐感到力不从心。社区也没有相应的机构能为李女士提供专业的陪护服务和康复训练。

半年来，李女士身上的伤逐渐康复，但她始终无法接受自己失明的事实，常常一个人关在房间里，不愿意与人交谈，也不愿意出门；李女士的情绪起伏很大，有时候情绪低落，一个人默默流泪；有时候脾气暴躁，乱摔东西。事故发生前，李女士是一个性格开朗的人，结识了很多朋友。事故发生后，她的好多朋友都上门来看望她，可是她根本不愿意见朋友，朋友给她打电话问候她也不接。

李女士的老公很担心妻子的状况，于是向社会工作者寻求帮助。

问题：

1. 请界定本案例中的服务对象系统、目标系统和行动系统。

2. 请说明通用过程模式中"四个基本系统"对社会工作实务的指导意义。

3. 请以人类行为与环境理论为框架，界定本案例中服务对象李女士的问题和需要。

【答题要点】

1. 根据系统理论，通用过程模式将社会工作的服务系统看作由社会工作者、服务对象、改变的目标和为达到改变目标而采取的行动组成的系统，这4个因素又被称为"四个基本系统"。

社会工作的实务过程即是根据人与系统在其环境中的互动状况来决定介入目标，确认改变要涉及的人和系统及其相互间的关系。社会工作者要确定谁是他的"变迁努力"的受益人，谁是"变迁努力"的合作者，谁是需要改变或影响的人。

服务对象系统既是社会工作服务的服务对象，也是社会工作服务的直接受益人。本案例中的服务对象系统包括李女士的老公和李女士，李女士的老公是现有服务对象，是他前来求助并使用了服务，李女士是潜在服务对象，她虽然目前没有来机构见社会工作者，但未来有可能使用机构的服务。

目标系统是指为了达到改变服务对象系统的目的需要改变和影响的系统。本案中的目标系统包括李女士本人、李女士的母亲、李女士的老公、李女士的女儿、保姆等，为了帮助李女士，这些人都需要作出一些调整。另外，社区也没有提供相应服务的机构。

行动系统是指那些与社会工作者一起努力，实现改变目标的人，是社会工作者的合作者。本案例中李女士的母亲、李女士的老公、李女士的女儿、保姆等作为目标系统的部分也可以成为行动系统，协助社会工作者帮助李女士。同时，李女士原来单位的同事、朋友等都可以成为行动系统。

2. 社会工作实务通用过程模式中的"四个基本系统"为社会工作者提供了一个实务工作的基本参考架构和助人活动的介入蓝图，为社会工作者开展实务工作提供了一个分析工具，具有重要指导意义。

（1）四个基本系统帮助社会工作者识别出改变服务对象系统所必须完成的一般任务。通常需要完成的任务顺序是：首先从服务对象系统获得授权并与之订立助人关系契约，其次辨识出目标系统，最后发展实现目标的行动系统。

（2）四个基本系统使社会工作者懂得，需要改变的不只是服务对象系统。社会工作者不能假设求助的人就是主要的介入目标，因为服务对象系统不一定与目标系统完全重合。

（3）行动系统的规模或组成只有在确立了改变的目标系统之后才能确定。

（4）社会工作者必须与不同的系统建立关系，与一个系统工作所需的知识和技巧不一定适用于其他系统，与不同规模和类型的系统工作需要掌握更专门化的知识。

（5）组织作为一个系统，在改变过程中常常扮演重要的角色。除了个人、群体和社区，组织也会成为社会工作者处理问题时的改变目标。这要求社会工作者需要具备组织工作所需的知识，同时也要懂得如何推动组织的改变。

（6）因为行动系统在整个改变过程中起着至关重要的作用，所以社会工作者需要不断诊断行动系统的情况。

3. 以人类行为与环境理论为框架，界定本案例中服务对象李女士的问题和需要。

（1）生理层面。身体需要继续康复训练，眼睛需要合适的护理。

（2）心理层面。需要调整自己的认知，接纳自己目前的身体状态，接纳失明的事实；同时需要唤醒对自己、对母亲、对女儿、对老公及对家庭的责任意识；需要宣泄负面情绪，平复暴躁的情绪，消除低落的情绪，需要保持较为平静的心情。

（3）社会发展层面。需要学习盲人的生活技能，做力所能及的家务；需要扮演好女儿、母亲、妻子的角色；需要重新规划人生，从事力所能及的工作；需要恢复以往的人际交往。

（4）环境层面。家里的环境需要进行一些调整以适应盲人生活；需要家人、朋友、邻里、社区专业服务等非正式与正式的社会网络资源予以支持。

单元 3　闯关题

第一题：案例分析题

案例：

李丽住在北京的老城区，从小身患残疾，据她讲父母将她扔给保姆后基本不闻不问，后来几乎与她没有什么来往。李丽在讲到自己原生家庭时眼神里充满怨恨，听邻居说父母曾来找过她，但她拒绝见面。在与保姆相依为命中进入了婚嫁年龄，由于身体残疾、没有学历和技术，一直没有找到工作，29岁时嫁给了比自己大20岁的一个农民，婚后丈夫对她很照顾。丈夫进城后干零工，生活很窘迫，拿低保，但能经常得到社区帮助。李丽与邻居的关系很好，大杂院里邻居亲如一家，彼此照应。李丽夫妇有一个儿子，她全部的人生希望都寄托在儿子身上。儿子很孝顺，"母亲节儿子给我的礼物是帮我洗一大盆衣服！"李丽自豪地对社会工作者说。李丽求助社会工作者是因为她发觉儿子有秘密了，放学不按时回家，好像在谈恋爱，她每天都摇着轮椅堵到学校门口接儿子，儿子很生气，已经有几天不和妈妈说话了。李丽希望社会工作者劝劝儿子不要和那个女孩来往，另外希望帮助儿子补习英语，因为她没有钱送儿子去英语班。

问题：

请以人类行为与社会环境的理论视角，对服务对象李丽的个人及环境系统、问题与需要进行评估。

【答题要点】

人类行为与社会环境的理论是关于人的生理、心理和社会发展的理论，提出"人在情境中""人与环境交互作用"的观点，其理论焦点放在个人、群体、社会和经济系统之间的交互作用上，这些知识对社会工作者的工作实施都是最基本的，是认识服务对象需要与问题的重要理论。

（1）服务对象的个人系统。从生理、心理和社会发展整合视角看，生理方面，李丽从小患有残疾，丧失了劳动能力，长期坐轮椅影响了她的身心健康；心理方面，李丽心里有对父母的怨恨，有对原生家庭的失望，育儿理念也有偏差，把人生的全部希望都寄托在儿子身上，这对儿子来说是个巨大的压力；社会发展方面，李丽没有受到良好的教育，缺乏职业技能，但与邻居相处融洽。

（2）服务对象的环境系统。与原生家庭关系疏离，原生家庭没有给予李丽关爱和支持。但丈夫对李丽服从支持，儿子孝顺，社区邻里之间友爱互助是很好的支持资源，政府给予最低生活保障支持，时常能得到社区的各种支持。

（3）服务对象的问题与需要。生理方面，李丽需要健康维护，儿子需要营养保障；心理方面，李丽需要调整认知，需要改变对父母的看法和态度，消除对父母的怨恨，需要调整对儿子的认知，理解儿子的需要和感受；行为方面，需要调整自己的行为，不能再去堵在儿子学校的门口；环境方面，因家庭经济困难，无力支持儿子上英语班，但需要帮助儿子补习英语，需要帮助李丽与父母建立联结，恢复正常的亲子关系。

第二题：案例分析题

案例：

刘先生，男，38岁，硕士学历，原来是某三甲医院主任医师，身体健康、无任何疾病。4个月前刘先生在半夜驾车从医院返家途中遭遇车祸，导致双目失明，因此丢掉了工作。刘先生有一个儿子，8岁，上小学。事故发生后，刘先生的母亲搬过来和他们一起生活，接送孩子上学，照顾刘先生一家的日常生活，但是，由于母亲年事已高，身体行动不便，感觉力不从心。另外，刘先生的康复训练需要到专门的医院去进行，比较麻烦。

4个月以来，刘先生的伤势已好转大半，但他的眼睛失明无法治愈。他无法接受这个现实，由于失明丢掉了工作，在家也不能正常生活，感觉自己的价值无法体现，便整天待在书房，不与家人交流。刘先生情绪波动异常，有时一个人默默流泪，有时候脾气暴躁、乱砸东西，面对朋友、同事的关怀也充耳不闻。

刘先生的妻子很担心他的状况，于是向社会工作者寻求帮助。

问题：

1. 请界定本案例中的服务对象系统、目标系统和行动系统。

2. 请以人类行为与社会环境理论为框架，界定本案例中的服务对象刘先生的问题和需要。

【答题要点】

1. 本案例中的服务对象系统包括刘先生和刘先生的妻子；目标系统包括刘先生本人、刘先生的妻子、刘先生的母亲和刘先生的儿子；行动系统包括康复医生、刘先生原来单位的同事和朋友、刘先生的妻子、刘先生的母亲及刘先生的儿子等。

2. 以人类行为与社会环境理论为框架，刘先生的问题和需要包括：

（1）生理层面：身体需要得到康复训练。

（2）心理层面：需要调整认知，接受自己失明的事实；需要调节情绪，宣泄负面情绪，维持情绪的平静；需要增强对自己、对家庭的责任意识。

（3）社会发展层面：需要学习盲人生活的技能，提升日常生活的能力；需要恢复并且扮演好家庭中的儿子、父亲和老公的角色；需要重新规划人生，从事力所能及的工作；需要恢复人际交往。

第二章

社会工作实务的通用过程

2

【本章复习提示】

本章主要介绍社会工作实务的通用过程，考试要点主要包括通用过程模式的接案、预估、计划、介入、评估和结案 6 个阶段的工作重点。本章是全书的基础，只有熟练掌握了这 6 个步骤，才能回答针对不同服务对象提供专业服务的各种相关问题。

本章是重点章节，出题点较多，考点分别为接案阶段的面谈任务、预估阶段的资料收集、计划阶段的服务计划设计及介入策略、结案阶段的情绪处理，这些考点都非常重要。

本章既适合出案例分析题，也适合出方案设计题，回答方案设计题应注意要结合题干提供的相关信息找准服务对象需求，设计回应需求的服务方案，服务方案包括工作目的和目标、介入系统、介入的行动策略及评估的方法。

单元1 基础题

第一题：案例分析题

案例：

社区戒毒人员张某找到社会工作者，要求得到各类困难补助，但社会工作者认为其部分要求不符合政策规定，无法协助办理。张某声称要投诉社会工作者，并出言不逊，而社会工作者认为自己并没有做错什么，双方关系陷入僵局。机构主管对社会工作者进行督导后，社会工作者主动约张某再次面谈。

社会工作者："对不起啊，上次我只考虑到政策规定，没有考虑到你的感受……"

张某一愣。

社会工作者："你一个人带着孩子不容易，我也知道虽然生活很辛苦，但你在努力想办法克服困难……"

张某被触动了，低下了头。

社会工作者："这次我想进一步了解情况，看看我们可以采取哪些办法一起面对困难，好吗？"

张某："上次我发火也是因为着急，孩子最近……"（张某叙述了孩子的近况）

社会工作者："噢！孩子现在怎么样了？"

张某："情况好些了。"

社会工作者："嗯，你确实不容易，你发火我很理解。但也不要太着急，总有办法解决的。把你的困难和想法再具体谈一下，我会根据我了解及掌握的情况，与你共同商量，一起想办法解决，好吗？"

张某表示同意。

问题：

1. 逐一列出社会工作者在面谈中运用的建立专业关系的技巧及案例中对应的内容。

2. 本案例体现了建立专业关系的哪些要素？

【答题要点】

1. 本案例中社会工作者在面谈中运用的建立专业关系的技巧如下：

（1）同感。同感是一个人进入另一个（群）人的情感与经历中的能力，是助人者努力、积极、主动进入服务对象的生活世界中，在不丧失自己立场与观点的前提下，感受服务对象的处境，并运用这种理解去帮助对方提升的能力。社会工作者表达的"你一个人带着孩子不容易，我也知道虽然生活很辛苦，但你在努力想办法克服困难……"及"嗯，你确实不容易，你发火我很理解"都是同感技巧的运用。

（2）诚恳。社会工作者要在专业关系中始终保持诚恳的、开放的、真实的态度。向服务对象实事求是地介绍机构的政策和社会工作者的角色；完全以服务对象的需要作为自己工作的出发点，接纳服务对象，对服务对象的处境感同身受。案例中"对不起啊，上次我只考虑到政策规定，没有考虑到你的感受……"体现出社会工作者的诚恳。

（3）温暖与尊重。关心服务对象的一切，并将这种关怀传达给服务对象。例如，社会工作者表达的"把你的困难和想法再具体谈一下，我会根据我了解及掌握的情况，与你共同商量，一起想办法解决，好吗？"体现出温暖与尊重。

（4）积极主动。社会工作者积极主动的态度有助于与服务对象成功地建立关系，表达其对服务对象的关注与支持。案例中，"这次我想进一步了解情况，看看我们可以采取哪些办法一起面对困难，好吗？"清楚地表达出本次会谈的目的。

2. 本案例体现了建立专业关系的 5 个要素：

（1）与服务对象准确沟通想法和感受。

（2）与服务对象沟通相互之间的资料。

（3）沟通充满亲切感和关怀。

（4）与服务对象角色互补。

（5）与服务对象建立信任。

第二题：案例分析题

案例：

大学毕业生小梅因车祸导致瘫痪，整天躺在床上无所事事，情绪十分低落。社会工作者小张介入后，对小梅进行了情绪疏导，并与她一起分析讨论，决定开办一家网上工艺品商店。一年来，在小张的协助下，网店发展走上了正轨，小梅已经掌握了所有业务流程，情绪也恢复正常。在此情况下，小张觉得可以结案了。一天，小张在家访中对小梅说，自己的任务已经完成，从明天开始将不再来小梅的家。小梅感到十分震惊，情绪又回落到服务前的状态，没有心思处理网店的业务了。

问题：

1. 分析导致小梅在结案时情绪回到以前状态的原因。

2. 结合案例，说明为避免小梅的负面反应，社会工作者小张在结案时应采取的处理方法。

【答题要点】

1. 导致小梅在结案时情绪回到以前状态的原因主要有两点。

（1）结案是一个转折性事件，服务对象在这个阶段可能会出现两极情感反应：因将与社会工作者分离而产生失落、难过等负面情绪，兴奋、充满成就感和希望等正面情绪。很明显，小梅在结案时产生的是负面情绪。

（2）结案是一个工作过程，从开始结案到最后与服务对象告别需要做很多的工作。案例中，没有看到社会工作者小张提供了哪些帮助结案的工作，只是自己觉得小梅能够掌握网店的业务流程，可以独立操作，就决定结案并告知其以后不再来小梅家。对小梅来说这个结案通知太过突然，没有给小梅一个心理缓冲时间，也没有帮助小梅从助人工作到自助工作良好过渡。也许小张认为"事"已经解决（协助服务对象开了网店并能独立操作），但是"情"是否解决？情绪的疏导往往比具体的事件解决更需要时间和陪伴。

2. 为避免小梅的负面反应，社会工作者小张在结案时应采取如下处理方法。

（1）回顾工作过程，一起讨论他们对结案准备的情况。

（2）提前让服务对象知道结案时间，早点做好心理准备。

（3）逐渐减少与服务对象小梅的接触，提醒她要学会自立，给她以心理支持，告诉服务对象在有需要时他将继续提供协助。

（4）估计一些可能会破坏改变成果的因素，预防问题的产生，并为服务对象提供能够帮助她的资源系统的支持，如可以为小梅提供家庭系统的帮助，稳定和巩固小梅的改变成果。

（5）必要时安排正式的结案活动，让服务对象分享自己的收获，以建设性的方式表达感受，鼓励其面向未来。

单元 2 提高题

第一题：案例分析题

案例：

小军，15 岁。其父工作繁忙，与小军很少交流；其母对小军要求严格，事事包办、处处操心。期中考试时，小军的成绩降到了班级后几名，被母亲狠狠地训斥了一顿。父亲回家后，母亲又把矛头指向父亲，继而引起夫妻间的激烈争吵。小军觉得再也待不下去了，第二天就离家出走。2 天后，父母在同学家里找到了小军，但小军对父母不理不睬，拒绝回家。母亲焦急万分，遂向社会工作者求助。

社会工作者与小军的母亲进行了第一次面谈，主要对话内容如下。

母亲："辛辛苦苦养他这么大，现在他却离家出走，我实在伤心透了。请你帮帮我，尽快劝我儿子回家吧。"

社会工作者："我很能理解你现在的心情，也愿意帮助你，我们是否可以商量一下具体该做些什么呢？"

母亲："这是我儿子同学家的地址，你赶紧去劝劝他吧。"

社会工作者："我听了你的讲述，觉得你儿子的问题也与你平时的态度有关，能不能一起探讨一下呢？"

母亲："我怎么会有问题，我对儿子倾注了这么多心血！要怪就怪我丈夫，一天到晚不在家，回家就骂儿子，一点也帮不了我，要谈你就找我丈夫去谈吧。"

社会工作者："那你今天来找我，最希望的就是让我帮你说服儿子回家。"

母亲："是的，请你尽快帮帮我吧，我实在走投无路了。"

社会工作者："好的，我明白了你的需要，我会马上找他的。"

接案面谈就此结束。

问题：

结合本案例，指出社会工作者在上述接案面谈中没有完成的主要任务有哪些？并说明理由。

【答题要点】

本案例中，社会工作者在接案面谈中没有完成的主要任务有：

（1）了解服务对象对自己的看法。在社会工作者和小军母亲的面谈中，小军母亲一直强调自己对小军倾注了很多心血，而丈夫一天到晚不在家，回家就骂儿子，把过错都推在丈夫身上，没有认识到自己存在的问题。社会工作者应在面谈中深入了解小军母亲对她自己的看法，找出问题的原因。

（2）澄清角色期望和责任。面谈要澄清双方的期望和应尽的责任，通过协商减小差异。案例中小军母亲一直强调让社会工作者说服小军回家，社会工作者并没有让服务对象承担她自己的责任。小军出走是由他的整个家庭造成的，单靠社会工作者一个人，不能从根本上解决问题，应该让小军的母亲承担应有的角色和责任。

（3）激励并帮助服务对象进入受助角色。社会工作者在面谈时要帮助并引导服务对象逐渐接受自己的角色，以便双方能够相互配合，从根本上解决小军出走的问题。

（4）促进和引导服务对象态度和行为的改变。小军母亲对小军要求严格，事事包办、处处操心，小军的成绩下降，被母亲狠狠训斥，因此小军离家出走主要是由他母亲引起的。然而在面谈中，小军母亲丝毫没有认识到自己的错误，社会工作者应对其进行引导，促使小军母亲改变对待小军的这种态度和行为。

第二题：案例分析题

案例：

小美是初二的学生，学习成绩中等偏下，性格孤僻，在学校经常独来独往，放学后也不跟社区里的同龄人玩耍。小美的母亲是从外地农村嫁到城里的"外来媳"，与亲戚、邻居交往少，因为身体不好，主要在家接一些手工活贴补家里。小美的父亲是一线操作工人，三班倒，工作十分辛苦，收入较低。父亲对小美比较严厉，父女之间交流很少。因为工作时间关系，父母之间很少沟通，家里有什么事都是父亲说了算。小美一家也不参加任何社区活动，社会工作者在一次"外来媳"家庭走访中遇到了小美，决定对其开展个案服务。在预估阶段，社会工作者只收集了小美对自身问题的看法，就认定小美的问题缘于自信心不足。

问题：

1. 在本案例的预估阶段，社会工作者应从小美家庭层面收集哪些资料？
2. 在本案例的预估阶段，社会工作者还应从小美与环境的互动层面收集哪些资料？

【答题要点】

1. 在本案例的预估阶段，社会工作者应从小美家庭层面收集以下资料。

（1）小美家庭成员的基本情况，小美的家庭成员主要包括父亲、母亲和小美三人。

（2）小美家庭的基本情况，如家庭收入较低、母亲的身体不好等。

（3）小美家庭成员的角色和互动情况。

（4）小美的家庭处事规则，如遇到分歧或冲突时父亲说了算。

（5）小美家庭成员间的沟通方式，如父母之间很少沟通、父女之间交流很少等。

（6）小美的家庭关系，如家庭关系紧张，父母与小美之间关系不够亲密。

（7）小美家庭的决策和分工方式，小美的父亲负责挣钱养家，母亲主要负责照顾家里，小美则以学习为主，家里的事都是父亲一个人说了算。

2. 在本案例的预估阶段，社会工作者还应从小美与环境的互动层面收集以下资料：

（1）小美的社会支持系统包括家庭、学校和社区，这些社会支持系统对小美的影响。

（2）小美所生活的环境对小美需要的满足程度，包括家庭环境、校园环境、社区环境对小美生活、学习和社会交往等需要的满足程度。

（3）小美对周围的环境资源的主观认知情况。

（4）小美的社会网络环境状况等。

单元 3　闯关题

第一题：案例分析题

案例：

小牛，今年 24 岁，大学毕业两年已经更换了 5 份工作，并且每次工作的时间都不长，究其原因在于他的坏脾气，工作中只要稍微有些不如意，他就会大发雷霆，在单位跟领导和同事们的关系很紧张，所以频繁地更换工作。小牛在家对父母也是如此，虽然他也会事后检讨自己，但是事情发生时总也控制不住自己的坏脾气。小牛深受困扰，找到了专业社会工作者小周帮忙。小周在深入家访了解情况之后，决定从改善小牛的坏脾气入手。小周为小牛制订了一份控制自己发脾气的计划，希望其减少发脾气的次数，并将每月发脾气的次数记录下来。小牛按照社会工作者的计划作着努力。第一个月，他发脾气的次数有 10 次，第二个月有 9 次，第三个月有 6 次，第四个月有 8 次，第五个月有 6 次，第六个月有 4 次。

问题：

1. 请阐述基线测量法的含义及应用范围。

2. 请根据本案例，画出基线图，并根据基线图对社会工作者的服务效果加以评估。

【答题要点】

1. 基线测量法的含义及应用范围分别为：

（1）基线测量法的含义。基线测量方法是在介入开始时对服务对象的状况进行测量，建立一个基线作为对介入行动效果进行衡量的标准基线，以评估介入前后的变化，并以此判断介入目标达到的程度。

（2）基线测量法的应用范围。基线测量方法可以应用于对个人、家庭、小组或者社区的工作进行介入评估，通过对服务对象介入前、介入中和介入后的情况的观察和研究，比较服务提供前后发生的变化。

2. 以时间单位为横坐标，以发脾气的次数为纵坐标，可画出基线图，如下图所示。

该图量化了小牛发脾气的次数随月份的走势，由图可以看出，小牛发脾气的次数基本呈现下降趋势，说明社会工作者小周的服务效果比较明显。

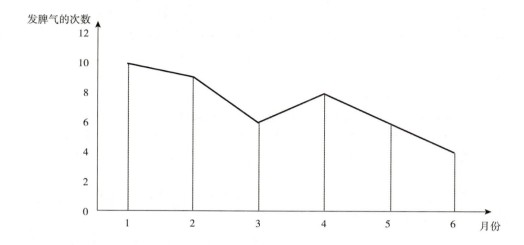

第二题：方案设计题

案例：

张丽的丈夫独立经营一家网络公司，因工作繁忙，平时很少过问儿子小雷的事情。为了更好地照顾小雷，张丽目前是全职妈妈。

小雷是独生子，从小娇生惯养，在小学时学习成绩还不错，可自从上了初中，便开始迷上网络游戏，经常逃课、不写作业，学习成绩急剧下降。张丽意识到是自己疏于管教，于是开始严格要求小雷，并禁止他玩游戏，还停止给他零花钱。对此，任性的小雷竟然以离家出走的方式向母亲抗议，并表示自己要独立。无助的张丽找到社会工作者，希望能够帮助儿子。

问题：

1. 界定服务对象的问题或需要。

2. 确定服务目的与目标。

3. 选择介入策略。

【答题要点】

1. 界定服务对象的问题或需要

（1）发展问题。从生命周期视角看，小雷进入了青春期，处在自我认同对抗同一性混乱阶段。这一阶段的发展任务是发展自我同一性，对他而言，"我是谁"是十分重要的。进入青春期的小雷表现出一定的逆反心理，追求独立，对母亲有抗议行为。青春期生命力旺盛需要释放，可以理解为游戏是释放生命力的一种渠道。

（2）行为问题。小雷需要改正的行为包括迷恋网络游戏、逃课、离家出走；需要花更多时间学习以提高学习成绩，同时需要与父母进行良好的沟通。

（3）家庭问题。丈夫忙于工作，对家庭及孩子的事情很少过问。父母不恰当的教育方式等需要改进。

2. 确定服务目的与目标

（1）服务目的。帮助小雷顺利度过青春期，有良好的学校和家庭生活。

（2）服务目标。帮助小雷以适当的方式参加有益的活动；改掉迷恋网络游戏的习惯与行为；按时上课、按时完成作业，有良好的作息时间；认识青春期，接纳自我。改正小雷的不适当行为。帮助父母改善亲子关系，更好地履行父母职责。

3. 选择介入策略

（1）直接介入——针对小雷的服务：

①运用个案辅导方法，应用认识行为模式改善小雷对父母的认知，帮助其了解父母对他的爱和希望。改变小雷对学习和游戏的认识，帮助其制订个人学习计划，针对放学后的时间安排、家庭作业的完成等问题进行讨论并签署契约，设定合理的学习目标，并由小雷父母监督。

②设计并组织公益小组活动，邀请小雷参加公益小组活动，转移其注意力，使其体验新的人际交往，学习团队合作经验。

③进行家庭辅导，训练小雷及其父母家庭沟通技能，帮助其建立家庭规范和良好的家庭沟通模式，注重用对方能够接受的方式表达自己的愿望。

（2）间接介入——针对环境：

①运用个案辅导方法帮助小雷父母学习正确的育儿理念和教养方法，引导张丽夫妇认识到积极教育方式对孩子的影响，反思他们的教育方式。邀请父母协助管理、监督孩子学习并布置任务。

②邀请父母参加相关的教育讲座。

③与老师沟通，得到老师的支持，帮助小雷补习功课并监督其学习。同时，通过"结对子"、学习小组等方法建立朋辈支持系统。

第三题：方案设计题

案例：

吴先生，45岁，几年前因车祸而瘫痪，妻子在车祸中丧生，吴先生与10岁的儿子相依为命，有时产生轻生的念头。因身体瘫痪，吴先生失去了原本在生产车间的工作，卧病在床的吴先生只得靠亲戚朋友救济。吴先生的母亲听说儿子出了车祸也重病在床。吴先生还有一个弟弟，负责照顾母亲，偶尔也过来看看吴先生父子。日常生活中，吴先生的儿子经常照顾吴先生，但是到了上小学的年纪，没钱交学杂费，所以儿子上学的事就一直拖着没法解决。

问题：

请根据上述情况分析吴先生的问题并为吴先生设计一份服务方案。

【答题要点】

1. 问题的陈述及分析

（1）吴先生面临的首要问题是心理问题。情绪低落沮丧，对生活丧失信心，有时有轻生的念头。

（2）经济上的困难和家庭生活困难。吴先生的生活主要靠亲戚朋友救济；弟弟因为照顾母亲不能对他进行照顾；儿子还年幼，却担负起了照顾整个家庭的重担。

（3）吴先生的儿子应该上小学了，却由于经济困难和需要照顾家庭而一直没有上学。

2. 方案设计

根据吴先生的上述情况，设计出如下服务方案。

（1）服务目标。帮助吴先生调整心态，重新找到生活的目标；帮助吴先生训练简单的生活自理能力，以减轻家人的负担；为吴先生提供多种资源，帮助改善吴先生一家的生活状况。

（2）方案实施策略。联系相关社区服务机构（如社区志愿者、残联、社会救助站等）对吴先生给予支持；帮助吴先生寻求合适的社区照顾人员，照料其日常生活；为该家庭申请经济援助，减缓部分经济压力；对吴先生提供持续性的心理咨询服务。联系附近小学，针对吴先生的家庭状况，减免费用让吴先生的儿子上小学。

（3）方案执行。主要包括提供服务、整合社区资源、联系相关社区服务机构、监督执行进度等。

（4）方案评估。吴先生对服务的满意度测量、方案执行（工作任务完成）情况评估、服务对象及家庭情况改变评估。

第三章

儿童社会工作

3

【本章复习提示】

　　本章主要介绍儿童社会工作，考试要点包括儿童的特点、儿童的需要及问题、儿童社会工作的主要内容和主要方法。把握本章最重要的是理解儿童社会工作的保护性特点。考生要对儿童的特殊需要和权益保护敏感，注重儿童的家庭、群体、学校、社区等环境资源的整合与运用。

　　本章既适合出案例分析题，也适合出方案设计题，案例分析题的出题点主要是依据困境儿童遭遇的处境，结合案例分析儿童的问题与需要，儿童救助工作中儿童收养和儿童家庭寄养的工作流程、儿童暴力事件的危机干预的流程及注意事项都需要重点掌握；考生回答方案设计题时注意依据题干给予的信息做好儿童相关评估，包括问题、需求及资源，在此基础上确定介入目标、选择介入策略，并提出服务成效评估方法。

单元1 基础题

第一题：案例分析题

案例：

小辉上小学二年级时，他的爸爸突发疾病去世，妈妈因此受刺激得了间歇性精神疾病。妈妈病情发作时，不仅没有能力照顾小辉，而且会无故殴打他。最近妈妈病情加重，试图自杀，被邻居及时发现并制止。村儿童主任将小辉的情况紧急报告给镇政府。

镇政府委托某社会工作服务机构入村支援。社会工作者评估发现，小辉今年刚满10岁，身体严重消瘦，已经半个多月没去上学了；小辉的妈妈需要立即入院治疗；小辉家在当地没有亲戚，当前亟须处理小辉的临时安置问题。

上级民政部门接到镇政府的报告后，决定依法对小辉实施临时监护，委托村委会采取家庭寄养的方式进行临时安置。村儿童主任和社会工作者在上级民政部门的指导下，征得小辉及其妈妈的知情同意，面向全村招募临时寄养家庭，并对报名的家庭进行筛选，最终评审出一个合格家庭。

问题：

1. 结合案例，分析小辉面临的主要问题。

2. 按照家庭寄养服务流程，本案例中社会工作者后续需要开展哪些工作？

【答题要点】

1. 在本案例中，小辉面临的主要问题包括：

（1）儿童生存的问题。小辉的母亲在间歇性精神疾病发作时没有能力照顾小辉，最近有自杀倾向亟须入院治疗；小辉家在当地没有亲戚可以照顾他，再加上小辉身体严重消瘦，可见小辉目前缺乏基本的生活照料，面临生存的问题。

（2）儿童发展的问题。小辉生活在单亲家庭，缺乏来自父母的关爱和适当的管教；小辉已半个多月没去上学，缺乏稳定受教育的机会和良好教育的引导。

（3）儿童保护的问题。一是儿童遭受体罚和身体虐待的问题。小辉母亲病情发作时会无故殴打小辉，小辉遭受了身体虐待。二是儿童被忽视的问题。小辉身体严重消瘦，已半个多月没去上学，面临着家庭对其日常生活照料和发展教育需要的忽视。三是家庭监护的问题。单亲等监护状况，表现为监护不足；存在家暴现象，表现为监护不当；父亲去世、母亲入院治疗，当地没有亲戚照顾小辉，表现为监护缺失。

2. 按照家庭寄养服务的流程，社会工作者已经完成了寄养家庭招募、筛选和评审合格家庭的工作，后续还需要完成的主要工作包括：

（1）寄养家庭培训。培训内容主要包括：了解寄养的意义、确认寄养意愿、熟悉寄养程序和学习家庭寄养经验。

（2）儿童与寄养家庭适配。具体工作包括：为寄养双方创造接触机会，观察、分析和判断双方互动状况，确保儿童与寄养家庭的适配度。

（3）寄养监督与支持。定期了解儿童在寄养家庭中的生活情况，确保儿童在寄养家庭中适应顺利，为儿童和家庭在磨合期间遇到的问题提供及时的帮助。

（4）寄养结案。经过寄养后一段时间的定期回访，如果没有发现问题，评估结果良好即可结案，通常一般寄养结案的时间是寄养儿童年满 18 周岁。

解析：

本题的第 1 问主要考查"儿童面临的问题"；第 2 问主要考查救助和保护儿童工作内容的"家庭寄养服务"流程，这部分的教材知识点在《儿童社会工作》这一章中有所体现。本题需依据教材知识点，结合案例情况进行作答，答出要点，进行言之有理的阐释即可得分。

第二题：案例分析题

案例：

小王大学本科毕业后到上海的一家社会工作机构工作，他所在的机构有一个特色的服务项目——"浦东来沪少数民族儿童服务项目"。小王了解到来沪少数民族父母的子女入学存在很多种需求，这些孩子面临居所变更、生活环境改变、教育环境改变及城市适应等问题。他们的学校教育时常被中断，有时也会被卷入非法营利活动中。很多来沪的少数民族儿童的父母整日为生计奔波，对这些儿童缺乏基本的生活照料和学业辅导，并且由于生活环境较差，人员结构比较复杂，这些儿童时常会受到不良社会风气的影响。

最近小王接到了一个案例，服务对象小江来自云南一个偏僻的农村，其父母在上海一家工厂打工。小江上小学三年级的时候，父母把他接到了上海，并将他安排在上海的一所学校读书。但是仅上了两天课，小江就不愿意再去学校了，躲在家里把自己关在屋子里不出来。在父母的盘问下，小江说他完全听不懂老师讲的内容，学习过程中感觉很吃力，尤其是害怕上英语课，因为自己在家乡的时候根本没上过英语课，而且有一次老师上课让他起来回答问题，他不仅不会回答，还因为自己的口音被班上的小伙伴们取笑，他觉得自己很丢脸，再也不想去学校了。小江的父母找到社会工作者小王，希望小王能为小江提供服务。

问题：

1. 上述案例中，小江面临的问题有哪些？

2. 按照马斯洛需求层次理论，小江的哪两个重要需求没有得到满足？

3. 针对小江的问题，社会工作者小王应采取哪些介入策略？

【答题要点】

1. 随着城市化进程的不断深入，城市中外来务工人员的数量越来越多，越来越多的外来务工人员将子女一同接到城市来读书，但学习环境的突然改变，导致这些流动儿童面临许多问题。如果不及时关注他们的教育适应问题，流动儿童很可能将继续生活在城市的底层，沿袭父辈的打工生涯，或可能成为城市的游民。

上述案例中，小江面临的问题主要有：

（1）不适应大城市学校的教材和课程，尤其是英语课，在学习过程中感觉很吃力。

（2）因为回答不出老师的问题和自己的乡音被同学们取笑，从而感到自卑，不愿意再去上学。

（3）从乡村生活转变到大城市生活的适应困难。

2. 按照马斯洛需求层次理论，小江主要是归属与爱（社交）的需求、尊重的需求没

23

有得到满足。

马斯洛认为，人类有 5 种重要的需求：生理需求、安全需求、归属与爱（社交）的需求、尊重的需求及自我实现的需求。小江从乡村学校来到上海的城市学校，在上海同学的眼里，小江是另类，被集体排斥，融不到班集体中，得不到同学的友爱；因为教材及教育制度造成的城乡差别，小江学习跟不上，还有口音、着装、言谈举止等都不为同伴所接受，得不到大家的认可、重视和尊重。

3. 针对小江的问题，社会工作者小王应采取以下介入策略。

（1）直接介入：

①为小江提供课业辅导。社会工作者小王可以联系社区里的大学生志愿者，定期为小江提供课程辅导，尤其是英语课的辅导，增强小江的学习信心，使小江逐步适应新学校的学习进度和教材内容。

②为小江提供情绪疏导和支持。小江来到陌生的大城市、陌生的生活和学习环境，很多课程听不懂，自尊心受挫，又没有朋友和伙伴的支持和鼓励，心理上肯定大受打击。社会工作者小王可以通过与小江面谈，帮助小江疏导负面情绪，调整心理状态，适当地给予其鼓励和支持，帮助其建立初步的自信。

③协助小江学习人际沟通技巧。社会工作者小王在与小江面谈的过程中，可以让小江多说普通话，训练他的正确发音，鼓励他多张嘴说话，同时教授他一些人际沟通技巧。做好准备工作后，鼓励小江在学校尝试着主动和同学接触。

（2）间接介入：

①走访小江的学校。社会工作者小王可以请老师们多鼓励和指导小江学习，帮助他适应学校生活、建立自信心；请同学们多理解小江，不要取笑他，多帮助他，组织热心的同学与小江结成学习伙伴，帮助小江尽快融入班级生活。

②设计实施班级融入活动。与老师合作，利用班会时间开展"帮助小江融入班级"的小组活动。

③与小江的父母沟通。请他们平时多与小江沟通，关注孩子的情绪变化，适时地给予鼓励和支持，帮助小江在城市里健康地成长。

单元 2 提高题

第一题：案例分析题

案例：

小刚今年上小学四年级，爸爸妈妈都是初中毕业，文化水平不高，经营一家杂货店，平时很忙。他们虽然在学习上无法给予小刚太多辅导，但对小刚的成绩要求很严格，每次考试过后都要询问小刚的排名。小刚很听话也很努力，成绩一直比较优异，每天放学回到家自己写作业，也不用父母多操心。但是最近小刚的成绩下降得很厉害，放学回家的时间也比之前晚，引起了父母的关注。父母发现小刚放学后不是先回家，而是钻进一家游戏厅去打游戏。一次，父亲在游戏厅把小刚抓了个正着，回家一顿暴打，警告小刚不准再进游戏厅。刚开始几天小刚按时回家写作业，也没再进游戏厅。但是没过多久，小刚看见周围的小伙伴都偷偷地去游戏厅，自己也忍不住想进去。犹豫再三后，他还是跟小伙伴们一起去玩游戏了，但是每次玩的时间不敢太长，怕被父母发现。后来小刚越来越沉迷于游戏，上课时也总想着游戏的内容，在时间上已经无法把控自己，经不住诱惑的小刚开始频繁出入游戏厅，成绩变得更差了。于是又被父亲从游戏厅抓回家一顿打。对小刚这种屡教不改的行为，他的父母很是生气和失望，觉得小刚辜负了他们的期望，开始不给小刚零花钱，想以此来遏制小刚玩游戏，但是没有任何正面效果，反而起了很大的副作用，小刚比之前更加狂热地玩游戏，完全不害怕父母的打骂。小刚的父母对此很无奈，却也找不到有效的解决方法，对小刚沉迷游戏的行为无能为力，因此来机构求助。

问题：

1. 如果你是儿童社会工作者，接到小刚这个案例，你将如何帮助小刚？

2. 作为儿童社会工作者，在做儿童社会工作时应该注意哪些问题？

【答题要点】

1. 如果我是儿童社会工作者，接到小刚这个案例，我将开始如下的工作。

（1）与小刚的父母进行接案面谈，通过主动介绍自己、沟通（注意事实性沟通与治疗性沟通）、倾听等技巧界定问题；澄清彼此的角色期望和责任；激励并促使父母进入服务对象的角色；促进和劝导父母停止对孩子的体罚做法。

（2）通过家庭走访、家庭观察、与小刚聊天、玩游戏等方法了解小刚的家庭结构及成员之间的关系，了解小刚的成长史、小刚的性情与行为表现、小刚的生活习惯及其与家人的互动方式。

（3）与学校的老师取得联系，了解小刚在班级中的行为表现、老师们对小刚的印象及评价；通过面谈与小刚建立初步的关系，了解小刚与同学、朋友之间的关系。

（4）根据收集到的资料为小刚制订辅导计划，确定辅导的目标：纠正小刚玩游戏的不良行为，提高小刚自我管理和自我约束的能力，抑制小刚的游戏成瘾行为；教授小刚社交技巧，引导小刚多与人交流，将注意力从电子游戏中转移出来；通过其他游戏方式提高小刚对学习的兴趣，培养小刚学习的自主性和自信心，培养健康的心理和良好的学习习惯；帮助小刚提升与父母的沟通和交往能力，增进亲子关系。

（5）建议家长改进教育方法，运用科学的家庭教育方法，促进亲子交流和沟通，多给孩子温暖，对小刚的偏差行为给予正确的引导，杜绝打骂孩子的现象发生；与学校的老师沟通，及时纠正小刚的不良行为倾向；搭建学校和家长双向配合的桥梁，加大监督力度，减少小刚和其他小伙伴们在游戏厅玩游戏的机会。

（6）通过基线测量、行为量表、观察记录等方法进行结果评估。直到小刚稳定进入正常的学校生活，不再迷恋电子游戏，亲子间建立良好的沟通模式、小刚的父母消除了困扰等，之后进行结案。

2. 儿童社会工作者在做儿童社会工作时应该注意以下几点。

（1）儿童社会工作的价值理念是儿童权利，它意味着儿童社会工作者在开展实务的过程中，需要将儿童权利与一般社会工作价值理念进行有机结合，以儿童为中心，以满足儿童需要、促进儿童权利的实现为最高指导原则。

（2）要认识到儿童是有权利受到全方位的爱护和关怀的。儿童除了生理的需要，还有很强的心理需要；儿童自身问题的形成受外界影响程度相对较高；儿童问题的解决更多地要靠他人帮助而不是儿童自己。

（3）儿童社会工作者需要掌握与儿童成长相关的知识，它们是做好儿童社会工作的保证。

（4）儿童社会工作者要把握好与儿童服务对象间的关系，处理好和其他为儿童提供服务的专业人士间的关系。

第二题：案例分析题

案例：

小锦，男，7 岁。小锦 3 岁的时候在家附近走失，被人贩子拐卖到了一个偏僻的农村。小锦的父母从来没有放弃找寻的希望，几年来一直奔波于全国各地寻找小锦。在各方的努力下，他们终于在失散 4 年后找到了小锦，并把他从收养他的农村家庭接回了城市的家。回到城市后，小锦对城市生活环境出现了各种不适应，与自己的亲生父母在感情上也很疏离，一句爸爸妈妈都叫不出口，平日里基本不开口和父母说话，甚至很排斥现在的家庭，总想回到那个收养他的家庭去。小锦的父母尝试使用各种方法跟小锦消除情感隔阂，他们在生活上无微不至地照顾他，周末带他去游乐场玩，跟他讲述 3 岁前发生的趣事，但是仍收效甚微。因为害怕小锦再次走失，小锦的父母每天坚持接送他上下学，几乎不让小锦单独和其他小朋友在社区一起玩耍，为更好地陪伴小锦，弥补错过的那些成长时光，他的妈妈甚至辞去了工作，专职在家照顾他。但是小锦自回城以后一直闷闷不乐，总是很沉默，也不愿与人交往，对陌生人总是很不信任，极度缺乏安全感。

问题：

1. 从上述案例中分析小锦现在的需要。

2. 从上述案例中分析小锦的个人及环境资源。

3. 针对小锦目前的状况，社会工作者应采取什么样的介入策略？

【答题要点】

1. 分析上述案例，小锦现在的需要主要有以下几个方面。

（1）发展的需要。儿童的发展需要也被称为儿童的成长需要，是指儿童为了身心发展需要获得的关爱、教育和引导。本案例中，小锦在 3 岁时走失，被拐卖到了农村，从小就缺失亲生父母的爱，也缺乏良好的家庭生活和适当管教，导致回到原生家庭后难以和父母建立良好的亲子关系。

（2）受保护的需要。儿童受保护的需要也被称为儿童的免遭伤害需要，是指儿童在成长过程中需要在身心两方面得到安全保障，不受到任何人为的伤害。案例中小锦 3 岁时走失、被人贩子拐卖，身心都受到极大的伤害，导致其对陌生人总是很不信任，极度缺乏安全感，不愿与人交往。

（3）游戏的需要。儿童需要游戏是由其天性决定的，儿童在游戏中获得身心的成长，并通过游戏学会与人相处，逐渐认识和了解社会。而案例中的小锦整天由父母陪同，几乎不能单独与小朋友们一起玩耍。

（4）社会化的需要。儿童的社会化是儿童逐步了解社会、掌握生存技能的过程，是人的社会化过程的第一步。这个过程离不开社会群体、集体、个人的相互作用和相互影响，也离不开个人主动积极地掌握社会经验和社会关系系统。本案例中，小锦几乎不能单独与小朋友们一起玩耍，平日里基本不开口和父母说话，总是很沉默，阻碍了小锦社会化需要的满足。

2. 从上述案例中分析小锦的个人及环境资源：

（1）小锦的个人资源。身体健康，与同龄孩子相比有更丰富的生活经验，体验过不同家庭、城市和乡村不同的生活。

（2）小锦的环境资源。首先是亲生父母对小锦深深的爱，特别是为了弥补错过的那些成长时光，妈妈甚至辞去了工作，专职在家照顾小锦；其次是农村收养家庭的资源，如果处理得好，小锦可以同时得到两个家庭的爱护；另外，同学是小锦朝夕相处的伙伴，老师也是有力的支持资源。

3. 针对小锦目前的状况，社会工作者应采取的介入策略主要有：

（1）直接对小锦介入。通过游戏进行心理辅导，调整小锦的心理状态，降低小锦对原生家庭的排斥感和对城市的不适应感，增强小锦的自我认同感和自信心，增强小锦对人的信任，提升安全感。

（2）直接对小锦父母介入。调整小锦父母的认知，使其认识到对待小锦不能操之过急，要多给小锦一些时间来适应新的环境，慢慢培养感情基础，放手让小锦独立地去完成一些事情，让他单独和小朋友们一起玩耍，增强小锦的自信心和适应能力；教授小锦父母亲子沟通方法，例如如何与小锦在游戏中建立信任关系，促进亲子沟通。

（3）与小锦学校的老师取得联系，让老师们在学校给予小锦更多的支持和鼓励，帮助小锦尽快地融入学校生活中。

（4）如果有可能，开设一个由具有类似适应不良问题的孩子组成的小组，进行团体辅导。

（5）如果有可能，建立与收养家庭的联系，得到收养父母的支持，可以把农村收养家庭作为小锦成长的体验基地，也可以从中培养小锦的感恩之情。

单元 3　闯关题

第一题：案例分析题

案例：

小明今年 10 岁，一年前父亲因车祸去世，母亲离家不知所终。小明与 70 岁的爷爷相依为命。社会工作者小顾通过家庭走访和查阅资料了解到：小明因目睹了父亲的车祸惨状，常常半夜惊醒，有时会突然大声尖叫，并伴有攻击性行为；为补贴家用，爷爷捡拾废品，家中和楼道堆满杂物，小明身上总有异味；爷爷年事已高，对小明的照顾越来越力不从心；小明常常逃学，整日在外游荡，考试成绩差，经常遭到爷爷打骂。

为回应小明的多元化需求，小顾采用个案管理的方法，与小明和爷爷多次沟通，共同制订一整套服务计划，在征得他们的同意后开展服务：联系儿童医院的心理治疗师对小明的创伤后症状开展游戏辅导；推荐小明参加社区"四点半课堂"；动员社区志愿者为小明和爷爷提供生活照料；通过慈善总会对接爱心企业，为小明申请到一笔救助金，缓解家庭的经济压力。小顾对上述服务进行了持续追踪和监督。

问题：

1. 分析案例中小明的需要。

2. 分析社会工作者小顾在上述工作中遵循了哪些个案管理原则？

【答题要点】

1. 本案例中小明有如下需要：

（1）生存的需要。小明与70岁的爷爷相依为命，但爷爷年事已高，对小明的照顾越来越力不从心，小明缺乏有保障的基本生活照料。

（2）发展的需要。小明的父亲去世，母亲离家不知所终，小明缺乏父母的关爱和适当的管教；小明常常逃学，整日在外游荡，缺乏稳定受教育的机会和良好教育的引导。

（3）受保护的需要。小明因逃学闲游、考试成绩差，经常遭到爷爷打骂，遭受着身体虐待和情感虐待；小明面临着家人对其日常生活照料和发展教育需要的忽视。

（4）社会化需要。因爷爷捡拾废品，家中、楼道堆满杂物，小明的个人卫生得不到保障；小明在缺乏关爱、教育、引导的环境中不能养成良好的生活习惯和培养良好的道德品质。

（5）心理辅导的需要。小明因目睹父亲车祸惨状，幼小的心灵留下创伤，存在睡梦中惊醒、突然大声尖叫、攻击别人的行为，因此，需要及时有效的心理辅导和情感支持服务。

2. 社会工作者小顾在进行个案管理服务过程中遵循了如下原则：

（1）服务对象参与。社会工作者与小明、爷爷多次沟通，充分了解服务对象需求，并在征得他们的同意后，双方共同决定开展服务。

（2）服务协调。社会工作者针对小明的心理创伤、逃学、成绩差、生活缺乏照料、经济来源困难等实际需求，协调医院心理治疗师、社区服务站、社区志愿者、慈善总会、爱心企业等各方资源，为小明提供"全人"的服务。

（3）资源整合。社会工作者把有助于满足小明多元化需求的各方面资源，如医院、社区、企业等，加以整合运用。

（4）包裹式服务与专业合作。社会工作者与服务对象共同商讨制订一整套服务计划，并联合心理治疗师开展专业服务。

（5）服务监督。社会工作者对全程服务进行了持续追踪和监督。

第二题：案例分析题

案例：

赵刚与徐慧是大学同学，毕业后赵刚考上了公务员，徐慧当了老师，结婚后他们有了自己的女儿欢欢，欢欢聪明伶俐、活泼可爱。一转眼女儿到了上学的年龄，学校老师也夸赞欢欢学习努力、性格乖巧。正当他们憧憬美好未来人生的时候，不料徐慧在体检时被查出宫颈癌，夫妻俩竭尽全力四处求医，但2年后徐慧还是撒手人寰。赵刚强忍悲痛与女儿相依为命，周围不少人给他介绍女朋友，他都拒绝见面，其实他内心担心的是女儿的幸福人生。

同单位的李丽一直对赵刚有好感，赵刚妻子在世时她就对赵刚表达过爱慕但被赵刚严词拒绝。徐慧去世后，李丽想方设法接近赵刚，在赵刚出差或忙于工作的时候帮助他接送欢欢，慢慢地，赵刚由感激开始接受李丽的示好。李丽终于向赵刚明确表态，希望做他的生活伴侣。赵刚提出有关女儿的顾虑，李丽表示一定会对欢欢好。不久两人登记结婚，后来生了一个男孩乐乐。自从有了乐乐，李丽对欢欢的态度发生了变化，把欢欢看成乐乐得到爸爸全部爱的障碍。赵刚在家时，李丽装作对欢欢好，只要赵刚不在家，李丽就折磨欢欢。赵刚职位提升后更忙，无暇照顾女儿。李丽常常把欢欢锁在家里不准其外出，干很重的活儿，有时甚至不给欢欢饭吃，而且经常拧、打、掐欢欢，拿欢欢出气；还恐吓欢欢不许告诉爸爸，否则会更加严重地折磨她。有一次，赵刚出差，乐乐摔倒了，李丽就把责任归结在欢欢身上，把她锁在半地下室里，欢欢3天没吃没喝，邻居家的小孩到半地下室外玩耍，听到欢欢敲窗求救，发现了被关的欢欢。

问题：

1. 欢欢的哪些需要被剥夺了？

2. 作为社会工作者，你如何遵循危机介入的原则进行危机介入？

【答题要点】

1. 从儿童社会工作的角度来看，儿童有4个方面的需要必须被关注，即生存的需要、发展的需要、受保护的需要和社会化的需要。本案例中，欢欢的这4种需要都不同程度地被剥夺了。

（1）儿童生存的需要包括获得基本生活照料、养育照料和可获得的最高水平健康医疗照料。本案例中，欢欢的父亲无暇照顾女儿，继母经常不让欢欢吃饭，把欢欢关在半地下室3天没有吃喝。

（2）儿童发展的需要也被称为儿童的成长需要，是指儿童为了身心发展需要获得的关爱、教育和引导。它主要包括：获得良好的家庭生活，得到父母的爱和适当管教，与父母建立良好的亲子关系；拥有受教育的机会，有良好的教育和学习环境，满足其探索和认知世界的求知欲；获得足够的休闲和娱乐。本案例中，欢欢没有得到父母的关爱和适当的教育，没有良好的亲子沟通，更没有良好的家庭教育环境，反而处于被压迫的境况中。

（3）儿童受保护的需要也被称为儿童的免遭伤害需要，是指儿童在成长过程中需要在身心两个方面得到安全保障，不受到任何人为的伤害（主要包括对儿童的虐待、忽视和剥削）。本案例中，欢欢受到父亲的忽视以及继母的虐待和伤害，经常被继母打骂、逼迫做重活儿等。

（4）儿童社会化的需要是指儿童逐步了解社会、掌握生存技能的过程，是人的社会化过程中的第一步。它要求儿童在成长过程中通过个人和社会的交互作用，培养语言、思维、情感等能力和行为方式。本案例中，继母不让欢欢出门，剥夺其和朋辈群体交往的机会等。

2. 危机介入模式通常涉及两个方面：一是减小危机事件的负面影响；二是利用危机事件帮助服务对象解决目前面临的现实问题，同时提升服务对象适应环境的能力。

遵循危机介入的基本原则应对欢欢进行以下的介入：

（1）及时处理。由于危机的意外性强、造成的危害性大，而且时间有限，需要社会工作者及时接案、及时处理，尽可能减少对服务对象及周围他人的伤害，抓住有利的、可改变的时机。本案例中应立即解救欢欢，社会工作者可以报警，与公安人员一起把欢欢从半地下室里解救出来，做适当的安置。

（2）限定目标。危机介入的首要目标是以危机的调适和治疗为中心，尽可能减小危机造成的危害，避免不良影响的扩大。本案例中，危机介入的目标应首先集中在对欢欢的解救与安置上。

（3）输入希望。危机发生之后，服务对象通常处于迷茫、无助、失望的状态中，所以在危机中帮助服务对象的有效方法是给服务对象输入新的希望，让服务对象重新找回行动的动力。本案例中，欢欢由于一个人在黑暗的半地下室关了3天而没有吃喝，造成了生理和心理的极大伤害，内心产生恐惧、绝望的感受，此时社会工作者应告诉欢欢悲剧结束了，有人在帮助她、支持她。

（4）提供支持。对欢欢进行心理辅导，帮助其走出阴影；对继母进行介入，调整认知，矫正行为，引导其认识自己的恶劣行为，看其悔改态度决定是否进行刑事介入；与父亲沟通，引导其认识到自己的失职和正确处理夫妻关系。

（5）恢复自尊。危机的发生通常导致服务对象身心的混乱，使服务对象的自尊感降低。社会工作者在着手解决服务对象的危机时，首先需要了解服务对象对自己的看法，帮助服务对象恢复自信。在对欢欢的辅导中注意引导欢欢认识到被虐待不是自己的错，不是自己不好，帮助欢欢增强自信、重视自己、尊重自己。

（6）培养自主能力。危机是否能够解决最终取决于服务对象是否能够提升自主能力。虽然服务对象在危机中自主能力有所下降，但社会工作者不能认为服务对象缺乏自主能力。实际上，整个危机介入过程就是社会工作者帮助服务对象增强自主能力、面对和克服危机的过程。本案例中，社会工作者应帮助欢欢学会勇敢和自我保护，面对欺凌学会抗争。

第三题：案例分析题

案例：

根据《中国儿童发展纲要（2021—2030年）》的要求，某街道委托社会服务机构在D社区开展儿童友好社区建设。社会工作者在D社区走访中发现，该社区没有适合儿童活动的场所，很多儿童在楼道里玩耍。社会工作者在组织D社区儿童家长座谈时，家长普遍反映本社区的卫生状况较差，相较于周边社区，本社区开展的儿童服务很少，社区事务也缺少儿童参与。此外，该社区没有按照儿童友好社区建设规范建立"儿童之家"。

社会工作者在社区需求分析的基础上，联动环卫部门和志愿服务组织，定期清理社区卫生死角，改善社区卫生环境，与妇联合作建设社区"儿童之家"，为儿童提供安全、健康的活动场所；面向社区中的儿童和家长开展形式多样、内容丰富的服务；通过成立"儿童议事会"，鼓励儿童为社区事务建言献策。在社会工作者的努力下，D社区的儿童友好社区建设目标初步实现。

问题：

1. 分析本案例中社区需求的类型。

2. 本案例中社会工作者从哪些方面推动了儿童友好社区建设？

【答题要点】

1. 社区需求的类型：

（1）感觉型需求。指社区居民或服务对象感受到或意识到，并用言语表述出来的需要。

（2）表达型需求。指社区居民或服务对象把自身的感觉通过行动表达出来的需要，如申请服务、排队等候服务等。

（3）规范型需求。指由专家学者、专业人士、政府行政官员评估而决定的需求。

（4）比较型需求。指社区居民或服务对象将得到的服务与其他类似社区进行比较，而认为有所差别的需求。

2. 儿童友好社区建设倡导的内容不仅包括儿童友好的社区环境布局，也包括儿童友好的社区文化建设。

（1）完善社区基本建设。要让全体社区居民了解，干净的饮用水和卫生的社区环境是儿童和其他所有社区居民健康生活的基本条件，需要不遗余力地解决和保障。

（2）建设安全、益智的儿童游戏场所和设施。要让全体社区居民了解，安全、益智的游戏和娱乐在儿童成长过程中不可缺少。

（3）健全社区儿童和家庭服务体系。要让全体社区居民了解，家庭和父母在儿童成长过程中的作用至关重要。如果希望儿童健康成长，就必须保证儿童有一个良好的家庭环境和一对爱护儿童并有正确育儿理念和方法的父母。儿童友好需要从家庭做起，包括为儿童的父母提供育儿指导，为儿童的家庭提供排忧解难服务，为儿童提供保护服务。

（4）创新社区儿童参与工作机制。要让全体社区居民了解，儿童是祖国的未来、社会的栋梁，他们的童年是他们成年的基础，要在他们童年时，使其通过社区参与了解社区和社会，学会参与社会的知识和技能，帮助他们成为合格的公民。

第四章

青少年社会工作

4

【本章复习提示】

　　本章主要介绍青少年社会工作，考试要点主要包括青少年的需要及问题、青少年的特点、青少年社会工作的内容与方法。从服务对象的角度，本章与第十二章《学校社会工作》的内容有重叠交叉的部分，建议考生对比学习。应重点关注预防青少年犯罪、青少年权益保护和青少年偏差行为理论。

　　本章理论知识点及案例较多，带着理论视角、依据理论框架做实务是本章的特点。要学习掌握关于青少年发展、青少年偏差行为的不同理论观点，还要了解掌握青少年服务中具体的辨识认定论、自我探索历程概念、生涯选择配合论、社会参与、增能等理论的主要观点及其在服务中的应用，熟读本章青少年社会工作服务方法章节的相关案例，重点理解案例中支持理论的框架及应用。

单元1 基础题

第一题：案例分析题

案例：

社会工作者在某职业学校开展服务时发现，有些学生在课堂上表现不佳，动辄与任课老师发生冲突，甚至擅自离开课堂；有些学生流连于网吧，经常夜不归宿。社会工作者经过进一步评估，发现大多数学生流露出对未来的迷茫，觉得读职业学校没有前途，既懊悔过去读书不认真，又不愿面对现实，更没有为改变现实而采取行动。

社会工作者决定依据现实治疗法中的"责任""现实""正确"3个基本要点，开展以提升青少年自我管理能力为总目标的小组活动。

在小组活动过程中，社会工作者通过破冰游戏等方式促进组员间的相互交流，建立积极、正向的伙伴关系；与组员共同订立契约，形成小组规范，使组员逐步认识到遵守规范的重要性。社会工作者通过"自画像""生命环"等活动，协助每位组员开展自我探索，使其了解自己的行为并进行合理评估，学会对自己的行为负责。社会工作者借助良好的小组互动氛围，通过角色扮演、示范、鼓励等技巧，协助组员学会真诚表达，并履行自己的决定和承诺。

问题：

1. 围绕提升青少年自我管理能力的总目标，列出本案例中小组工作的具体目标。

2. 分析小组工作在本案例中发挥的功能。

【答题要点】

1. 本案例中小组工作的具体目标包括以下几个方面。

（1）提升青少年自我决策和自我管理的能力。

（2）协助青少年有效地自我约定且诚信地尽力执行。

（3）培养青少年以勇于负责的态度来面对自己的生活。

（4）协助青少年正确地检视、查核自己的行为表现。

（5）使青少年懂得如何对自己的行为作出有效的评估。

2. 小组工作在本案例中发挥的功能如下：

（1）小组可以为组员提供与同伴交往的机会，在游戏中组员间互相交流，建立积极正向的伙伴关系，同伴给予的经常性的、多样的鼓励和赞许远比成人给予的更有效。

（2）小组的过程更能刺激出大多数青少年的真实世界，通过"自画像""生命环"等自我探索，组员能够认识到新的观念、行为，对过渡到现实生活提供了很好的帮助和训练。

（3）小组规范会对规范青少年的行为起到很好的制约作用，通过组员共同订立小组契约，使组员认识到遵守规范的重要性。

（4）小组能够提供很多的示范者、行为预演的协助者，可以提供如实验室般模拟练习的机会，这些练习中不同性格的人相互交流与反馈，在小组中获得的经验有助于青少年重新建立良好的人际交往和行为习惯。

（5）小组工作为青少年建立正面积极的伙伴关系提供了良好的支持，并创造了安全开放的交往环境。

第二题：案例分析题

案例：

小江生活在一个比较富裕的家庭，父亲是某公司的中层干部，母亲是全职家庭主妇，平时除了料理家务，还爱跟她的朋友一起到外面去逛街游玩，生活很滋润，对儿子小江疏于管教。小江读小学时，父亲对他的管教还是很严厉的，因此他也比较听话，成绩也很好。但到小江读初中时，父亲升职为公司的总经理，平时应酬较多，在家时间相对较少，陪伴小江的机会少之又少，因此对小江感到亏欠，并逐渐溺爱他。这时，家境的富裕和父母宽松的管教方式使小江放纵自己，常常在放学后和同学一起去网吧玩游戏，导致成绩急剧下降。学校在学生升到初三时按成绩把学生分为尖子班和普通班，小江因成绩变差最终被分到了普通班，和班上几个同学继续混迹于校外的网吧和酒吧，慢慢地又认识了一群社会青年，经常一起惹是生非，感觉自己特别威风。中考之前，小江和几个哥们儿在 KTV 玩的时候把 A 青年的腿打骨折了，A 青年的父母一怒之下要将小江告上法庭，但小江的父亲用钱与对方家长私了了。自那以后，小江胆子越发大了起来，又迷上了摩托车飙车，变成公认的"问题青年"，这让小江的父母开始担心。

问题：

1. 请结合案例，从个人、家庭、学校和社会 4 个方面来分析小江变成"问题青年"的原因。

2. 作为社会工作者，应该如何针对小江的状况进行介入？

【答题要点】

1. 小江变成"问题青年"的主要原因：

（1）个人方面。小江因处于青少年期，其生理、心理方面还处于成长中，有对自我的探索、认同等需要，对新鲜、新奇、刺激的事物会有很强的好奇心，加上这个阶段他的自控能力和自制力都还不强，因此难以抵制外界的诱惑，同时家境的富裕为他提供了物质上的保障，在他闯祸后父母"花钱消灾"的做法让他没有及时认识到自己的错误，在认知方面产生了一定的偏差，故导致其越来越放纵自己。

（2）家庭方面。小江进入青春期后，其父亲因职位升迁带来的忙碌而对小江逐渐溺爱，其母亲又一贯对儿子较为放纵，再加上小江与父母的沟通太少，这些都不利于小江的成长。而在小江把别人打伤后，父亲直接用金钱把小江的问题压了下去，这种行为在一定程度上也助长了他不良习气的养成，间接使小江变成了一个"问题青年"。

（3）学校方面。学校人为地把班级区分为尖子班和普通班，直接打击了小江对学习的热情，再加上成绩不好，小江给自己贴上了"差生"的标签，在学校里无法得到认可，只能在校外寻求自我认同感和成就感。

（4）社会方面。原本网吧、酒吧等都属于禁止未成年人进入的场所，但因执法力度不够以及网吧、酒吧的经营者对经济效益的追求，没有制止小江的进入，导致他受到不良现象的影响。

2. 针对小江的情况，社会工作者可以采取的介入策略如下：

（1）与小江建立专业关系，了解他的需求，鼓励他重拾学业；同时，协助小江认识自己行为的错误及其严重后果，和小江共同商讨，寻找其兴趣爱好，让小江有事可做，建立精神上的寄托。

（2）充分与小江的父母进行沟通，让他们认识到在对小江的管教和教育中存在的问题，建议他们学习科学的教育方法，正确认识孩子的优点及错误，并用科学的方法进行教育，帮助孩子建立正确的认知。

（3）协调小江与父母之间的关系，增进他们的沟通，让父母了解小江的想法，也让小江体谅父母的不易。

（4）与社区的相关部门联系，加强社会对网吧、酒吧等场所的管理，禁止小江等未成年人进入。

单元 2 提高题

第一题：案例分析题

案例：

小谨，女，16岁，高二学生。进入高中后，强手如云，小谨的成绩排名仅是中上，感受到来自父母和同学的压力后小谨更加用功学习，但考试成绩不理想。不仅如此，小谨认为自己由于成绩不突出因此在学校得不到老师的关注，并且找不到知心朋友，于是很少主动与同学交流。她渴望得到家人的理解与支持，虽然父亲工作忙碌，收入不高，与小谨平常沟通很少，但父亲对小谨在学习上的要求越来越严格；母亲虽然疼爱小谨，但是因为自己是"外来媳"，身体不好，只能在家接一些手工活补贴家用，在家中不被重视，对小谨父亲的要求，母亲也不会干预太多。因此，小谨逐渐失去学习的热情，甚至产生厌学的情绪。社区社会工作者在一次家庭走访中遇到了小谨，决定对小谨进行个案服务。在预估阶段，社会工作者只收集了小谨对自己的看法，就认定小谨信心不足。

问题：

1. 在本案例的预估阶段，社会工作者还应从小谨的家庭层面收集哪些资料？

2. 在本案例的预估阶段，社会工作者还应从小谨与环境的互动层面收集哪些资料？

【答题要点】

1. 在本案例的预估阶段，社会工作者还应从小谨的家庭层面收集以下资料。

（1）家庭和家庭成员的基本情况。包括家庭收入状况、居住环境、家庭成员的健康状况等。本案例中，小谨的家庭成员主要包括父亲、母亲和小谨三人，家庭收入不高、居住环境较差、母亲的身体不好等。

（2）家庭成员的角色及互动情况。包括夫妻、父母、兄弟姐妹、父母子女的角色。本案例中，父女关系只是父亲对女儿单向的要求、命令，缺少沟通和互动；母亲疼爱小谨，但在家中不被重视；在父母角色上，小谨的父母并没有达成一致共同负责对小谨的教导和关爱，而是以父亲的权威教导为主，母亲的责任角色缺失。

（3）家庭规则。包括如何解决分歧、冲突及家庭的权威关系。小谨的家庭规则是以父亲为权威，遇到分歧或冲突时父亲说了算。

（4）家庭成员的沟通方式。包括如何表达期望、需要、情感等。在小谨的家庭中，父母之间很少沟通，父女之间交流很少，很大程度上限制了家庭的开放交流，限制了家庭成员期望和情感的表达，不利于形成健康的家庭关系和氛围。

（5）家庭关系。包括家庭内的次系统。小谨的家庭关系比较疏离，父母与小谨之间关系不够亲密，父母之间关系也不够亲密。

（6）家庭的决策和分工方式。小谨的父亲负责挣钱养家，母亲主要负责照顾家里，小谨则以学习为主，家里的事都是父亲一个人说了算。

2. 在本案例的预估阶段，社会工作者还应从小谨与环境的互动层面收集以下资料。

（1）社会支持系统及其功能的发挥。了解家庭、学校和社区与小谨的互动及支持情况。

（2）小谨所生活的环境对小谨需要的满足程度。了解家庭环境、校园环境、社区环境对小谨生活、学习和社会交往等需要的满足程度。

（3）服务对象对环境资源的主观认知。了解小谨如何看待社区、家庭及学校对自己的影响，能否意识到这些环境中存在的资源及资源能起到的作用。

（4）服务对象的社会网络环境。了解小谨的社会网络环境状况。

（5）社会的体制和组织环境等。了解社会对中低阶层"外来媳"家庭的偏差认知，以及国家对这类家庭的相关政策等。

第二题：案例分析题

案例：

小林，男，某中学初三的学生，父母平时工作很忙，对小林的生活和学习都疏于关心和照顾，他从小就不爱学习，成绩在班里总是倒数，"笨蛋"几乎是父母对小林的称呼。小林的性格也比较怪，动不动就乱发脾气，班里的同学都不爱跟他来往，给他起了个外号"小魔鬼"，老师也放弃了对小林的希望，把他看作班里的个别生、不可救药的学生。小林因此自暴自弃，经常逃课到小区的网吧上网，为此学校对他进行了多次警告：若不改正，则按退学处理。小林的父母这才认识到问题的严重性，带小林来向社会工作者求助。

问题：

1. 请运用标签理论分析小林现在的表现。

2. 请依据标签理论制订合适的帮助计划。

【答题要点】

1. 标签理论认为没有一种行为是天生偏差的，偏差是被定义的，不同的社会把不同的行为标记为偏差。标签理论认为少年犯错在所难免，而他们的罪错行为之所以会加重，是因为教师、父母、警察、法官或司法系统加于他们的负面影响。

偏差可分为初级偏差和次级偏差。初级偏差是指未被人指认或惩罚的行为，这种行为是相当普遍的。而次级偏差是因来自权威人士及一般社会人士对偏差少年初级偏差行为的反应形成的。

标签理论认为，标签的过程犹如一种烙印，是一种强烈的负面看法，会使个体改变自我意识，并陷入"偏差生涯"。标签影响人的自我认同，进而导致更严重的偏差行为。

在本案例中，小林一开始不愿意学习，进而学习成绩差，父母就予以"笨蛋"的标签，老师给予"差生""无可救药"的标签，小林性格上的怪癖被同伴贴上"小魔鬼"的标签，这些标签将小林推上了标签标注的生涯——我就是笨蛋、差生，由此自暴自弃，放弃自己。

2. 依据标签理论制订如下帮助计划。

（1）运用去标签化的方法，重新定义服务对象。与小林会谈，帮助其发现自己的优势与资源；与小林父母会谈，帮助他们调整认知，认识到"笨蛋"标签给小林造成的影响和危害，重新认识孩子，帮助父母挖掘小林的资源与优势，帮助父母相信孩子的资源与优势；与老师会谈，调整其认知，认识到老师的放弃和无声标签给小林造成的影响和危害，帮助老师重新认识小林，挖掘小林的资源与优势，帮助老师相信小林的资源与优势；利用班会设计小组活动，帮助同学发觉小林的优点，链接支持资源，帮助小林融入班集体。

（2）通过个案辅导，与小林本人沟通，多角度获取小林的情况，了解他脾气不好的原因，对他进行情绪辅导，帮助他学会控制自己的情绪和脾气，正确处理与同学之间的关系，避免因冲动而暴躁；帮助小林矫正不良行为，使其按时上学，按时完成作业，不去网吧。

（3）教授父母正确的教育理念和方法，帮助亲子沟通，了解他们对小林成长过程的看法，让他们明白小林希望与父母多接触、多互动的愿望，让他们多关注小林的成长，多与小林沟通，促进小林与父母之间的关系。

（4）与老师共同制订方案，协助小林恢复正常的学习生活，提高其学习成绩。

（5）与有关社区和治安部门进行联系，严格管理辖区内的网吧，禁止未成年人进入，改善社区环境。

单元 3　闯关题

第一题：方案设计题

案例：

在社区居民需求调查中，社会工作者黄燕发现很多居民有亲子关系的困扰，特别是刚刚开始进入青春期阶段青少年的家长困扰更大，他们不知道如何与孩子沟通。而来自青少年的反馈是抱怨学校学习压力大，每天功课多，一天要十几个小时坐在桌子前读书写字，抱怨老师和父母剥夺了自己自由玩耍的时间。针对这一情况，黄燕准备开展一次历奇亲子辅导的服务项目。

问题：

1. 请简要阐述历奇辅导的基本概念和理论基础。
2. 请设计为期两天的亲子历奇辅导方案。

【答题要点】

1. 历奇辅导的基本概念和理论基础

历奇辅导是通过将青少年放在一个新奇的环境中，让他们跳出生理及心理的舒适区域，互相合作，解决问题。通过总结经验，让青少年获得成就感，并能将成功的经验转化为未来生活的参照。

历奇辅导的定义包括 4 个元素：历奇活动、野外、个人及小组辅导、经验学习法。

历奇辅导有 4 个训练模式：

（1）"历奇波浪"。主要是活动讲解、过程和解说。

（2）"野外挑战"。着重个人与大自然的挑战。

（3）"情感反思"。指学员内在反思。

（4）"多元创意"。包括利用音乐、戏剧、手工艺等多种方法带出重点。

历奇辅导鼓励个人在经历体验中构建自己"有用"的指示和信息。个人只有通过赋予知识一定的意义，才能更好地理解知识、提升能力。同时，历奇辅导通过经历引发反思，提供自由表达的机会，促进分享与交流，对个人自我认识和成长具有重要意义。

2. 亲子历奇辅导方案

（1）目的、目标。通过徒步穿越、拓展训练、野炊、篝火晚会、露营、夜间巡逻、钓鱼等充满挑战的历奇活动，让青少年体验坚持和勇气，磨炼坚强的意志，锻炼优秀的品质。改善青春期孩子与家长的亲子关系，促进孩子和家长的共同成长。具体目标：丰富青少年生活体验；促进家庭（亲子）关系；锻炼意志，提升青少年抗逆力；提升青少年沟通与合作的意识和能力。

（2）活动方案：

	日期和时间	主题与内容	参加人员及形式
第1天	7：30—8：30	前往训练营	工作人员、家长、孩子，车上引导唱歌、猜谜等游戏
	8：30—10：30	垂钓	家庭分组、钓鱼评奖
	10：30—12：00	分享	大组分享钓鱼经验与合作经验
	12：00—13：30	中餐	以家庭为单位亲子合作做饭、烹饪上午钓到的鱼，围桌分享美食、"杯子歌"游戏
	13：30—14：30	午休	
	14：30—17：00	10千米徒步	背行装徒步
	17：00—18：00	分享感受	分享徒步感受：如何互相帮助、鼓励
	18：00—21：00	自助烧烤 篝火晚会	集体合作烧烤、以家庭为单位表演节目
	21：00—22：00	夜行、观星空	集体夜行、观星空后分组分享
	22：30	露营、休息	以家庭为单位扎帐篷

续表

日期和时间	主题与内容	参加人员及形式
第2天　6：30—7：10	晨练	以家长组、孩子组为单位晨练
7：10—8：30	早餐	孩子为父母做早餐
8：30—11：00	户外拓展训练	低空历奇：电网、地雷阵、盲行、信任背摔 高空历奇：攀岩、胜利墙、空中断桥
11：00—12：00	分享	分享历奇感受
12：00—13：00	中餐	
13：00—15：00	总结回顾	回放录像、分享收获
15：00	返程	

（3）组员要求。以家庭为单位报名，每个家庭3人，包括父母及一位10~13岁的孩子，依据报名人数确定开几个小组，每个小组8个家庭，共24人。

第二题：方案设计题

案例：

某社会工作服务机构发现，社区内一些十六七岁的未成年人，受家庭经济困难等因素的影响，养成了敏感、内向的性格，自我认同度较低，这些未成年人正处于进一步就学、就业的抉择关口，却不知道自己想做什么，也不了解社会上有哪些职业适合自己，对未来倍感迷茫。该社会工作服务机构计划为这些未成年人提供服务，并希望通过申报政府购买服务项目获得资金支持。

项目名称	未成年人职业规划服务		
需求分析	A		
理论基础	生涯选择配合论认为，职业规划的先决条件是必须先对自己有充分的认知和了解，进而探索认识外在的职业世界，在了解了自己与外界的职业环境之后，作出抉择，确定未来的发展目标，并开始采取必要的行动		
总目标	认识自我与职业之间的关系，提升职业规划能力		
项目实施	具体目标	服务活动 （只列出形式）	预计成效 （服务对象的改变）
	B1	B2	B3
	C1	C2	C3
	D1	D2	D3
	E1	E2	E3
	评估、管理、预算：（略）		

问题：

依据生涯选择配合论，设计一份"未成年人职业规划服务"的项目计划书（只需把需求分析、具体目标、服务活动和预计成效四部分答案，依据表中所列字母的顺序，在答题卡中填写）。

【答题要点】

A 需求分析：

通过走进社区和未成年人的沟通交流，社会工作者发现他们敏感、内向、自我认同度低的性格与家庭经济困难有关，他们处于就学和就业的抉择关口，需要认清自我和职业环境，对未来树立信心，为未来的就业有所付出、有所努力。

B1. 让未成年人认识自己。

B2. 以小组讨论"心中的自己""心中的我们"。

B3. 组员对自己有了初步的认识，认识到自己现有的能力、兴趣、爱好。

C1. 让未成年人认识现有职业环境。

C2. 以小组讨论职业环境。

C3. 组员对职业环境有一定的了解。

D1. 生涯规划大家论，让未成年人说出"我的生涯规划是什么"。

D2. 生涯规划相关培训活动。

D3. 组员对自我生涯有了初步的规划。

E1. 建立亲子沟通桥梁，形成家长对未成年人就业成长的助动力。

E2. 家长天地。协助家长了解自己，了解孩子的需求，开展亲职教育活动。

E3. 家长乐意并有信心当好孩子的参谋。

备注：本题没有一个标准答案。答案中的重点是需求分析 A 部分，要充分将"由于家庭经济困难造成的敏感、内向、自我认同度低的未成年人，在就学和就业的抉择关口，需要认清自我和职业环境，对未来树立信心，为未来的就业有所付出、有所努力"这一核心内容体现出来，其他四项围绕需求提出目标、活动、成效等即可。

第五章

老年社会工作

5

【本章复习提示】

　　本章主要介绍老年社会工作，考试要点主要包括老年人的需要及问题、老年社会工作的主要内容和主要方法。根据对历年考题的统计，本章是出题最多的章节之一。学习本章重点要关注老年人的需要和权益维护。

　　老年群体的特点、需求与面临的问题是重要的知识点，是后续章节的基础，结合案例给出的信息与本章关于老年群体的特点、需要与问题的框架回答问题是常见的考题；老年人的评估，特别是老年人认知与情绪问题、虐待与疏于照顾、临终关怀、丧亲及自杀等问题的评估与处理的知识点是案例分析题很好的出题点；回答方案设计题要注意老年社会工作介入的特殊性，如个案工作的缅怀疗法、意义疗法、园艺疗法，小组工作的现实辨认小组、动机激发小组及社区照顾、机构照顾。

单元1 基础题

第一题：案例分析题

案例：

某日，王奶奶到镇社会工作站向社会工作者倾诉，表示儿子儿媳两年前外出务工，平时很少回家，对家里的事不管不问，把10岁的孙女丢给自己和老伴儿照看，她对此感到非常无奈，但又不知道如何与儿子儿媳沟通。社会工作者了解到最近王奶奶的老伴儿因意外摔倒而卧床不起，王奶奶既要照顾老伴儿又要照看孙女，感到力不从心；王奶奶经常将孙女锁在家里写作业，节假日也不准孙女外出，生怕发生意外，孙女为此经常与王奶奶发生争执；随着王奶奶年龄的增长、身体每况愈下、老伴儿受伤后医疗费支出的增加，让她更加烦躁不安，经常因为琐事与邻居争吵；现在王奶奶也没有时间参加社区活动，与原来的老姐妹逐渐疏远。这导致王奶奶对现在的生活状况很不满意，觉得自己晚年生活没有意思，却不知道该怎么办。

社会工作者在征得王奶奶同意后，计划为她开展服务。

问题：

1. 列出本案例中王奶奶面临的问题。

2. 依据家庭生命周期理论，分析王奶奶所处的家庭阶段以及面临的主要任务。

【答题要点】

1. 王奶奶面临的问题主要包括：

（1）疾病及与医疗有关的问题。老年人，尤其是高龄老年人，往往受到慢性疾病的折磨，生活质量因此受到严重影响，与之相关的医疗费用也常常成为困扰老年人的一大问题，易导致老年人经济拮据甚至陷入生活困境。在本案例中，王奶奶随着年龄的增长身体每况愈下、老伴儿受伤，都表明王奶奶存在疾病及与医疗有关的问题。

（2）家庭照顾问题。城市化、家庭小型化、女性职业化、离婚率上升及年轻人口的高流动性等，都使得家庭照顾老年人的功能严重受损，特别是空巢、独居和失独老年人缺乏家庭照顾的问题尤为严重。本案例中，王奶奶的儿子儿媳两年前外出务工，平时很少回家，对家里的事不管不问，把10岁的孙女丢给王奶奶和老伴儿照看，老伴儿因意外摔倒而卧床不起，王奶奶既要照顾老伴儿又要照看孙女，经常感到力不从心，实际上王奶奶也到了被照顾的年龄，因此，面临严重的家庭照顾问题。

（3）宜居环境问题。老年人居住环境中常存在安全隐患和物理障碍，使老年人面临伤残风险和融入社会的限制。此外，社会上普遍存在对老年人的刻板印象和老年人歧视，也使建设老年宜居环境的问题十分突出。在本案例中，王奶奶面临因年龄增长身体每况愈下、同时照顾老伴儿和孙女以及老伴儿受伤后医疗费支出等多重压力，变得更加烦躁不安，经常因为琐事与邻居争吵，可能导致社区邻里关系冲突，宜居环境有问题。

（4）代际隔阂问题。在全球化、信息化和知识爆炸的时代，知识的更新速度前所未有，老年人积累的知识和经验可能已经过时了，而学习机会和资源的减少使其难以掌握现代的知识和信息，因此与年轻人的沟通常会出现信息不对称的情况，容易造成代际隔阂。在本案例中，王奶奶不知道如何与儿子儿媳沟通，经常将孙女锁在家里写作业，导致孙女经常与王奶奶发生争执，表明王奶奶存在代际隔阂的问题。

（5）脱离社会问题。老年人退出工作岗位或失去劳动能力后，社会交往的圈子常常会大大缩小，同时疾病、失能、配偶和有亲密关系的人去世，也有可能造成老年人的社会接触非常有限，甚至由于缺乏接触会导致严重脱离社会。在本案例中，王奶奶没有时间参加社区活动，与原来的老姐妹逐渐疏远，表明王奶奶脱离社会问题越来越严重。

2. 家庭生命周期理论。该理论认为家庭像人一样有成长、发展的自然变化过程。家庭生命周期理论强调家庭成员的互动交流关系以及需要会随着家庭的发展在不同阶段呈现出不同的特征，有不同的任务和要求需要家庭成员去面对。该理论根据家庭成员之间的互动关系和面临的任务，可以把家庭生命周期分为 8 个阶段：家庭组成阶段、学龄前子女家庭阶段、学龄子女家庭阶段、青少年家庭阶段、子女独立家庭阶段、家庭调整阶段、中年夫妇家庭阶段以及老年人家庭阶段。

（1）分析王奶奶所处的家庭阶段。根据本案例中王奶奶家庭成员的互动交流关系，可知该家庭正处于老年人家庭阶段。

（2）分析王奶奶家庭面临的主要任务。根据王奶奶家庭所处的老年人家庭阶段，结合案例中王奶奶不知道如何与儿子儿媳沟通、孙女经常与她发生争执，王奶奶身体每况愈下，觉得自己晚年生活没有意思，王奶奶面临的老年人家庭阶段的主要任务是：学习与成年子女沟通，学习与孙女交流，学习应对衰老带来的困难，维持晚年生活的尊严、意义和独立。

解析：

本题涵盖的知识点包括老年人面临的问题和家庭生命周期理论。回答问题 1：需要考生仔细阅读题干，将题干描述的问题在对应的 5 个问题后逐一阐述。回答问题 2：首先阐述家庭生命周期理论的观点及 8 个家庭生命周期阶段；其次评估确认王奶奶所处的"老年人家庭阶段"；再次根据题干描述的问题阐述王奶奶家庭面临的主要任务，表述个案管理的实施原则；最后结合题干对应信息逐一作答。

第二题：案例分析题

案例：

李大爷因脑卒中住院治疗，出院回家后，执意要一个人居住。女儿放心不下，为李大爷申请了社区居家养老服务。

社会工作者通过李大爷的女儿了解到，李大爷脑卒中前是社区志愿服务团队骨干，经常参加各类社区活动。现在，李大爷虽然生活基本能自理，但身体状况大不如前，经常忘记吃药，而且他总担心自己会跌倒，不愿出门，脾气也越来越差。

社会工作者入户评估发现，李大爷的居家环境存在一定的安全隐患，对医疗和社区服务资源的使用较少。当社会工作者进一步评估时，李大爷表现得很不耐烦，他认为自己不需要外人帮忙，对女儿没经过他同意就找人来调查感到很生气。李大爷也担心社会工作者会把家里的情况随便告诉他人。

问题：

1. 社会工作者对李大爷进行社区居家养老评估时，重点收集了哪几个方面的信息？

2. 社会工作者在为李大爷开展评估时应注意哪些事项？

【答题要点】

1. 社会工作者对李大爷进行社区居家养老评估时，重点收集了以下几个方面的信息。

（1）老年人的独立生活能力。评估内容涉及日常生活能力（李大爷生活基本能自理）、社交活动（李大爷不愿出门）、疾病诊断（脑卒中）、健康状况（虽生活基本能自理，但身体状况大不如前）和疾病预防处理（李大爷总担心自己会跌倒）、营养、排泄等。

（2）老年人的自我管理能力。内容包括：认知能力（记忆力减退，经常忘记吃药；他认为自己不需要外人帮忙）、感知觉与沟通能力、情绪情感状态（李大爷脾气越来越差；以前是社区志愿服务团队骨干，经常参加各类社区活动，现在的状态令他有失落感、挫败感；对女儿没经过他同意就找人来调查感到很生气）、行为表现（表现得很不耐烦）、用药情况（李大爷经常忘记吃药）。

（3）环境支持条件。内容包括：家居环境、医疗及社区服务的使用、非正式支持体系的作用等。在本案例中，社会工作者通过入户评估发现李大爷的居家环境存在一定的安全隐患，对医疗和社区服务资源的使用较少。

2. 社会工作者在为李大爷开展评估时应注意如下事项。

（1）平衡好自立和依赖他人的需要。在评估的时候应该注意李大爷目前生活基本能够自理，所以能自己完成的事情要让他自己来完成；不能完成的，则劝导他接受别人的帮助，以免造成伤害。

（2）关注到最初提出评估的人。社会工作者应该及时与李大爷的女儿沟通，进一步详细了解他的情况。

（3）通过评估为老年人充权。接受评估容易使老年人在客观上陷入一种无力、无权的境地，在心理上产生无力的感觉，所以在评估过程中既要评估不足，也要评估优势。

（4）注意到老年人群体的异质性。在评估时要关注老年人个体的差异性，即针对不同的老年人要采用不同的方法进行评估。

（5）尊重老年人的隐私权。在对李大爷开展评估时，李大爷担心社会工作者会把家里的情况随便告诉其他人，因此需要保护他的隐私，如需打破保密原则，需要征得他的知情同意。

单元 2　提高题

第一题：案例分析题

案例：

某社区社会工作者计划成立"手拉手"志愿者俱乐部，运用推动居民参与的工作方法，希望动员社区中的低龄老年人为有需求的高龄老年人提供志愿服务。但是，社会工作者在动员低龄老年人参与时，遇到了一些问题：

部分老年人不愿意参与志愿服务，认为社区在搞形式主义，都是做表面文章，没什么实际意义，持观望态度。

部分老年人想参与，但遭到家人的反对，"子女怕我出意外，就不要给他添麻烦了，而且参加了对我自己也没有什么好处，还是算了吧。"

部分老年人对自身的能力有所顾虑，"我没有什么特长，能干些什么呀？"

问题：

针对上述问题，本案例中社会工作者在推动社区低龄老年人参与志愿服务时应采取哪些策略？说明运用这些策略时的工作重点。

【答题要点】

针对本案例中提及的各种问题，社会工作者在推动社区低龄老年人参与志愿服务时应采取以下策略。

1. 进行社区教育和社区宣传

部分老年人不愿意参与志愿服务，认为社区在搞形式主义，没有实际意义，持观望态度，这是没有认识到参与的价值，认为参与之后并不能影响和改变目前的状况，缺乏参与的热情。针对这一情况，社会工作者在推动工作进行时，应促进社区低龄老年人对参与志愿服务的价值的肯定，通过社区教育和社区宣传的方法，如社区研讨会、座谈会、居民大会、社区展览会、教育讲座等，让社区居民认识到"手拉手"志愿者俱乐部不是在搞形式主义，而是切实为高龄老年人提供志愿服务，从而提高这一部分低龄老年人的参与热情。

2. 组织家人体验活动

部分老年人想参与，但由于家人反对，便打消了参与社会事务的念头。面对这种情况，社会工作者应邀请和鼓励他们的家人参与志愿体验。

3. 心理辅导调整认知

通过个别辅导、团体辅导和活动体验，使这些低龄老年人认识到他们变为高龄老年人时也会有人为其提供志愿服务，可以减轻子女的负担，这与他们的生活、利益密切相关，让子女有意愿鼓励自己的父母参加志愿活动或尽量减少负面影响。

4. 运用优势视角帮助挖掘潜能

通过沟通与互动帮助老人发现自身的优点和长处，增强自信和工作热情。

5. 进行志愿者培训

部分老年人对自身能力有所顾虑，担心自己什么也干不了。面对这类老年人，社会工作者应向其说明社区会对志愿者进行参与能力的培训，可采用个别培训或小组训练的方法帮助老年人认识参与志愿活动的过程，提高表达、沟通、讨论等技巧，更重要的是协助他们掌握社区的基本资料和最新动态，以便在讨论时能充分论证，具有说服力，提高老年人的信心。

第二题：案例分析题

案例：

社会工作者在一次走访中发现王老先生独自在家。对社会工作者的到来，他很高兴，交谈中社会工作者了解到,王老先生现与儿子一家同住,儿子和儿媳外出工作时,家里只留下他一个人。社会工作者观察发现,王老先生的房间杂乱无章,身上衣服泛黄并散发出异味,已经多日没有换洗。老人抱怨,退休金都交给了儿媳,身上没有任何零花钱。同时,社会工作者还注意到王老先生手臂有多处瘀青,问其原因,王老先生沉默不语,表情紧张。社会工作者向社区居委会进一步了解情况,得知王老先生今年80岁,以前是老伴照顾他的饮食起居,老伴儿去世后主要由儿媳照顾,儿媳觉得老人不做家务,不讲卫生,一起生活碍事,常常为此打骂老人,有时还不让老人吃饱。儿子去外地出差时,儿媳还经常将老人反锁在家中。

　　问题:

　　1. 列举本案例中老人受到虐待和疏于照顾问题的类型及行为表现。

　　2. 如果你是社会工作者,将如何介入?

　　【答题要点】

　　1. 虐待老人指的是恶意对待老人,在身体、情感或心理上、性方面或经济方面对老人构成虐待或剥削。疏于照顾老人既包括主动也包括被动地让老人得不到所需的照顾,导致老人的身体、情绪或心理方面健康的衰退。结合题干,本案例中老人受到虐待和疏于照顾问题的类型及行为表现如下:

　　(1) 身体虐待。社会工作者注意到王老先生手臂有多处瘀青;儿媳觉得老人不做家务,不讲卫生,一起生活碍事,常常为此打骂老人。

　　(2) 情感或心理上的虐待。老人丧偶不久,被儿媳嫌弃,情感上受到虐待。

　　(3) 经济虐待。老人工资都交给了儿媳后,没有零用钱,说明经济被剥夺。

　　(4) 他人疏于照顾。老人吃不饱饭、没人洗衣服,基本生活无人照料。

　　(5) 自我忽视。王老先生的房间杂乱无章,身上衣服泛黄并散发出异味,已经多日没有换洗。

　　2. 作为社会工作者,可以从以下几个方面介入。

　　(1) 保护老年人免受经济方面的剥夺。与老人的儿子、儿媳进行面谈,调整其认知,使其适当交还老人的退休金,给老人留有足够的零用钱。

　　(2) 提供支持性辅导。与老人的儿子、儿媳面谈,引导其认识到自己的不孝行为及对老人的伤害,帮助他们改变对老人的态度和行为,鼓励他们做孝顺的儿子和儿媳;与老人会谈,倾听老人描述与宣泄,链接志愿者定期探望老人,与老人聊天,聆听老人的生命故事,陪护老人出行。

　　(3) 发展支持性服务。邀请老人参与社区活动,建立与邻里的联系,培养老人的爱好,丰富老人的生活;链接社区日间照顾中心,解决老人白天的饮食与休闲问题。

　　(4) 改善和调整环境。邀请儿子、儿媳为老人定期打扫房间卫生,帮助老人洗衣服,邀请儿子给老人洗澡并增进感情。

单元 3　闯关题

第一题：案例分析

案例：

张大妈是一位 72 岁的孤寡老人，一年前她的老伴儿去世，儿子早已定居国外。老伴儿去世后，张大妈把房子卖了，住进了当地的一家养老院。张大妈性格非常开朗，又很热情，与养老院的老人们相处得都很好。但是外表开朗的她患有轻度的抑郁症，吃药对她的病没有任何效果。对此，社会工作者小王希望通过非药物的方式，即采用社会工作专业方法，给予帮助。小王每周都要来探望她，通过与张大妈的面谈来帮助她解决复发的抑郁症。奇怪的是，每次小王来探望张大妈与其面谈时，张大妈都会给小王讲述她和老伴儿一起参加单位组织的歌唱比赛活动，并详述整个比赛以及获奖的全过程。尽管小王已经听了好多遍，但她还是不厌其烦地继续听下去。小五决定用缅怀往事疗法对张大妈进行引导，改善其当前的情绪，使其逐渐适应现在的生活。

问题：

1. 结合上述案例，请详细说明缅怀往事疗法在助人过程中的具体运用。

2. 请简述老年社会工作的主要特点。

【答题要点】

1. 缅怀往事疗法对老年人的抑郁症、自尊和社会化有积极的作用。对认知有严重问题的老年人，如患失智症的老年人，这一方法并不适用，行为错乱、有严重精神疾病的老人和失禁的老人也不适宜用这一方法，但对于有轻微失智症的老人会有较好的成效。

社会工作者常用的缅怀往事疗法的类型是人生回顾型缅怀往事（简称人生回顾疗法）。在运用这一方法时最好先做一下前测，了解老年人对生活的感受。比如，可以运用相关量表了解老年人的生活满足感和抑郁症状，建立评估的基线。

人生回顾疗法所用的时间可以根据老年人人生回顾的目的、老年人的健康状况、个人的偏好等决定，一般每个重要的人生阶段会用两节的时间来讨论。在内容安排上，可以制订一套方案，明确探查的领域，比如可以探查死亡、悲伤、恐惧、读书生活、艰难的事情、工作和与他人的关系等。在回顾过程中，还要帮助老年人发现人生历程中的一些主题，让其了解这些主题如何影响其过去和现在的生活。特别要发现让老年人失去和得到对生活的掌控感的一些主题，前者包括焦虑、否定、绝望、无助、孤立、孤独和丧失等，后者则包括联结、应对、效能、希望和信任等。让老年人逐步识别自己拥有的力量是人生回顾疗法的部分目的。

社会工作者可以和老年人设计制作具体的成果来总结和结束人生回顾。比如做一个相册或录像光盘等，但并非一定要这样做。必须做的是对整个介入进行结果测评，对比介入前的测评，评估介入的效果。

2. 老年社会工作的对象主要是老年人及其家人，由于老年人的生理、心理状况及社会处境的特殊性，老年社会工作者会遇到许多特定的问题，这也是老年社会工作区别于其他领域社会工作的特点。

（1）社会价值观常会影响社会工作者的态度和行为。在开展老年社会工作时，社会工作者要认真反思自己的价值观，学习有关老年学的知识，以便消除对老年人的错误理解和认识。

（2）反移情是社会工作者的重要课题。做老年社会工作时，社会工作者可能会出现反移情现象，不仅会表现为对老年人缺乏耐心和关怀，还会表现为对老年人过度保护，想要"拯救"老年人。因此，社会工作者应注意反移情问题，时常反思自己对老年人的反应，这对从事老年社会工作来说很重要。

（3）社会工作者要善于反思并运用督导机制。在做老年人辅导工作时，社会工作者应该审视自己对老年人以及面对垂死和死亡的感受。在服务中，社会工作者要善于运用督导机制解决工作职责、专业技能和情绪困扰方面的问题。

（4）老年社会工作需要多学科合作。老年人的问题常常涉及许多方面的工作，做老年人的工作需要多学科的合作，只有懂得协调、配合不同的学科共同开展老年人服务工作，才能使工作取得更好的成效。

第二题：方案设计题

案例：

社会工作者阿华在社区需求调查中发现，社区中有一些老年人不参与社会交往，除了不得不出来买菜购物，几乎整天待在家里。这些老人中有的又是独居老人，阿华偶尔碰到他们热情地与其打招呼问候，他们只是勉强点点头。阿华看在眼里急在心里，他想：要是这样下去，老人的生命力就会越来越低，退化、衰老的进程就会加快，不行！我得为他们做点什么。

问题：

结合案例中描述的社区老人状况，依据老年社会工作方法设计恰当的服务计划。

【答题要点】

1. 问题与需求分析

根据案例中的描述，社区老人的主要问题是闭锁在家里不出屋，不参与社会交往。人是社会性动物，具有趋群性，人际交往是人类的主要行为。特别是老年人，长期缺少社会接触会让老年人的交往能力受损，变得淡漠和了无生气，强化退缩倾向。因此，社区老人的生活热情需要被激发和唤醒。

2. 确定服务目的与目标

服务的目的即是激发老人的生活热情，保持和提高老人的生命力。具体目标包括：动员老人走出家门参与社区活动；建立人际交往与社会支持网络；开发兴趣参与活动，在其中感受合作与乐趣；挖掘志愿精神为社区建设发挥余热，作出贡献。

3. 介入策略选择：组织实施"动机激发小组"

动机激发小组的目的就是要激发那些不再对眼前或将来感兴趣的人。小组活动是用来帮助老年人重新与他人建立联系，摆脱一直以来满脑子装的都是自己和自己麻烦的状况。

动机激发小组一般由 10~15 名老年人组成，成员没有患失智症或抑郁症，有一定的听力和语言表达能力，能积极参与小组活动。小组活动共有 6~12 节，每周举办一次最好。

动机激发小组通常挑选相互了解的人或有共同兴趣的人做组员，会减少一些老年人对加入小组的犹豫。社会工作者需要非常了解每位老人，能开展有感召力的小组活动，然后运用已掌握的老年人情况去激发每个人的兴趣。

4. 工作步骤

（1）进行家访，接触"宅家"老人，通过问候、同感表达、关怀、即时服务等建立信任关系，了解需求，动员对园艺种植有兴趣的老人参加"园艺-动机激发小组"。

（2）设计小组计划，计划 6 次活动，每次活动 1 个半小时，半个月聚会 1 次，6 次活动的内容包括：

第一次活动：学习园艺种植知识，请农科院专家通过照片展示、录像展示、讲解等方法讲授种植技术，之后组织老人到农科技术基地现场参观，选购蔬菜种子或幼苗，回家种植。

第二次活动：分享种植经验，包括展示自己的种植成果，分享经验，提出问题，解答问题，调整技术。

第三次活动：分享种植经验，进行团队建设，推选团队领袖，创建团队文化。

第四次活动：分享果实，集体聚餐，享受劳动果实。

第五次活动：探访农科技术基地，与科研人员研讨经验，建立联结。

第六次活动：总结回顾历程，发展其他兴趣（为以后活动发展主题），培养团队领袖，工作人员退出小组。

第六章

妇女社会工作

6

【本章复习提示】

　　本章主要介绍妇女社会工作，考试要点主要包括妇女的需要和问题以及妇女社会工作的特点、主要内容和主要方法。妇女社会工作相对于其他的实务章节具有一定的理论深度，需要考生重点关注赋权理论和社会性别视角。要带着社会性别和增能的视角学习掌握妇女社会工作，注重妇女的个人发展，特别要注意妇女的权益保障和性别平等的需求，妇女的问题是个人与社会双重归因，辨别家庭为本与妇女为本，以性别视角确立妇女社会工作的目标；需要掌握的理论知识点有政策层面的男女平等的基本国策、社会性别理论以及介入行动中的增能理论；关于妇女社会工作的内容，重点掌握针对伤害妇女行为的干预、维权及参与乡村振兴；要学会运用性别分析、赋权等性别视角的妇女社会工作方法。

单元1 基础题

第一题：案例分析题

案例：

服务对象张女士，40岁，从未参加正式工作，现在在戒毒。社会工作者了解到，张女士的儿子到了上学年龄，却因为张女士是非婚生育导致儿子的身份信息不全，影响其入学手续的办理，张女士为此非常着急。社会工作者决定以此为契机，采用个案管理的方式为张女士提供服务。社会工作者运用"社会－心理"视角，在情境中观察张女士与周围环境互动的情况。社会工作者与张女士一起将生活问题转化为需求，逐一讨论可使用的资源并制作需求与资源分析表。接下来，社会工作者在征得张女士同意下，与相关资源逐一关联确认，并与警察、医生等各方紧密合作，提供一整套服务，持续跟进资源的全程使用情况，保障了服务效果。

问题：

1. 将张女士生活中存在的问题转化为需求，并列出她可以运用的资源，只需按照表格中的序号，写在答题卡上。

需求与资源分析表

生活中的问题	需求	资源
张女士关心的问题：儿子信息不全，影响入学	承担抚养责任	教育与户籍管理资源
经济：无正当收入，生活困难	①	⑦
生理：长期吸毒导致身体差	②	⑧
情绪：常常不稳定，易怒	③	心理服务资源
行为：控制不住想吸毒	④	药品替代与禁毒资源
朋友关系：周围大多是"毒友"，很难融入正常生活	⑤	社区服务资源
家庭关系：与父母几乎断了联系	⑥	家庭服务资源

2. 结合本案例，分析社会工作者遵循了哪些个案管理原则？

【答题要点】

1. 需求与可运用的资源如下：

①就业权益与基本生活条件的保障；②身心健康；③情绪管理；④行为矫正；⑤再社会化和构建新的社会支持网络；⑥正常家庭生活；⑦社会救助资源（就业救助、低保等）；⑧卫生医疗资源。

2. 在本案例中，社会工作者遵循了下列个案管理的实施原则。

（1）服务对象参与。个案管理强调服务对象与社会工作者一起工作，包括需求的评估、包裹式服务的规划与组织等，都是由双方共同作决定。在本案例中，社会工作者与张女士一起工作，参与需求讨论，制作需求与资源分析表。

（2）服务评估。评估包括服务对象的需求、生理状况、社会环境、非正式网络，甚至个人偏好。案例中社会工作者从"社会-心理"视角出发，评估了张女士的社会环境及互动情况。

（3）服务协调。在服务设计过程中，强调社会工作者需要协调各方资源为服务对象提供"全人"服务，并不局限于对服务对象的特殊需要提供直接服务。在本案例中，社会工作者协调警察、医生等资源为服务对象提供了一整套的服务。

（4）资源整合。社会工作者要尽可能掌握有助于满足服务对象需求的各方面资源，并加以整合运用。在本案例中，社会工作者制作需求与资源分析表，分析资源情况，整合了警察、医生等资源。

（5）包裹式服务与专业合作。包裹式服务是指经过需求评估和确认可利用资源后设计的一整套服务，并且通过各种服务的联结最终促使服务对象学会独立自主。专业合作是指个案管理是一种结合不同专业领域的团队工作方法。在本案例中，社会工作者经过需求评估和资源分析确认后，设计了一整套服务，并且关联了警察、医生等不同专业领域的人士一起合作。

（6）服务监督。通过服务监督确保所提供的服务能够达到服务对象认可的标准。本案例中社会工作者持续跟进了资源的全程使用情况，并保障了服务效果。

解析：

本题涵盖的知识点包括社会工作实务通用过程的预估、矫正社会工作实务对涉毒人员的社会工作介入和个案管理的含义、特点、原则及工作过程。社会工作强调从需求角度看待并分析服务对象的问题，优势视角理论相信任何个人和环境都充满资源与优势，强调在评估服务对象问题与需求的同时必须评估资源。对服务对象需求与资源的预估是实施社会工作服务的基础和前提，是社会工作实务通用过程中重要的环节，而个案管理工作过程的预估尤为强调对环境障碍及资源的判断。回答问题1，需要考生仔细阅读题干，将题干描述的问题逐一转化为需求，并据此链接有针对性的资源。回答问题2，需要表述个案管理的实施原则，并逐一结合题干对应信息作答。

第二题：案例分析题

案例：

社会工作者在某社区开展需求调研时发现，该社区的低收入家庭中有劳动意愿和能力的妇女共30名。她们大多从农村嫁到城里，婚后长期在家照顾老人和孩子，身边几乎没有能谈心的朋友。由于没有工作收入，她们的家庭地位较低，一旦发生家庭矛盾，只能忍气吞声。因此，她们希望学一些在家能做的手工编织技能，实现劳动创收和照顾家庭两不误，提升自身价值和家庭地位。

结合需求调研，社会工作者组织这些妇女成立了手工编织互助小组。在开展手工编织技能培训时，她们认为应该由社会工作者制订培训内容和学习计划，因此几乎不发表自己的意见。由于不自信，她们在培训活动的讨论环节也很少主动分享自己的想法和经验。

问题：

1. 结合案例，分析该社区低收入家庭中的妇女主要有哪几个方面的需求？

2. 运用参与式学习方法，社会工作者在开展技能培训时，应采取哪些策略促进这些妇女的改变？

【答题要点】

1. 根据案例情境，该社区低收入家庭中的妇女同时具有实用性社会性别需求和战略性社会性别需求，具体包括以下几个方面。

（1）学习职业技能和获得劳动创收的需求。案例中提到社区低收入家庭妇女希望学一些在家能做的手工编织技能，实现劳动创收和家庭照顾两不误。

（2）社会交往和寻找归属感的需求。在案例中，这些妇女大多从农村嫁到城里，婚后长期在家照顾老人和孩子，身边几乎没有能谈心的朋友，因而有社交和寻找归属感的需求。

（3）提升自身价值和家庭地位的需求。由于没有工作收入，她们的家庭地位较低，一旦发生家庭矛盾，只能忍气吞声，因此她们希望提升自身价值和家庭地位。

（4）增强自信心的需求。由于不自信，她们在培训活动的讨论环节也很少主动分享自己的想法和经验。

2. 参与式学习方法是推动妇女自我教育、建立自尊自信、学习平等尊重的方法，不仅体现了赋权，还锻炼了妇女们参与社区事务管理等方面的能力。参与式强调的是参与者介入的程度和活动中权利的分享，特别关注参与者的参与动机、态度、热情、参与方式和参与效果等。

运用参与式学习方法时，社会工作者应采取以下几种策略。

（1）妇女应参与对自己问题的界定，参与设定问题解决的目标、进行讨论、制定解决策略的全部过程，而不是被动地等待专家或者学者来定义和解决问题。因此，社会工作者在开展技能培训时，应引导和鼓励妇女们参与课程主题和课程学习内容的制定、课程进程的安排和课程评估等各个环节，而不是依靠社会工作者制订培训内容和学习计划。

（2）社会工作者和参与者的关系是合作关系，社会工作者是协助者的角色，而不是专家的角色。此外，参与过程要达到一起改变，而不单是妇女改变。

（3）参与式学习的主要目标是赋权，因此不仅要让妇女学习到知识，更重要的是增强妇女的自信心。针对本案例中服务对象不自信导致在培训活动的讨论环节很少主动分享自己的想法和经验，社会工作者可采用角色扮演、案例讨论、游戏、情景剧、讲故事等方法鼓励妇女分享经验，"小活动、大道理"，通过小活动引发大家的深入思考，每一名妇女都能充分地表达自己的思想。

单元2 提高题

第一题：案例分析题

案例：

38 岁的淑芬与丈夫结婚 13 年了，在恋爱时，丈夫对她百般疼爱，可是结婚后不久丈夫原形毕露，不仅对淑芬态度大不如前，而且暴露出赌博和酗酒的恶习，经常对淑芬拳打脚踢，有时候气急会连同女儿一起打。丈夫以离婚威胁淑芬要容忍，淑芬害怕离婚，认为离过婚的女人是没有未来的，会被别人指指点点，而且她希望给女儿一个完整的家庭，所以不敢与丈夫离婚。同时，婆婆总是要求淑芬原谅自己的儿子，还告诉淑芬儿子从小经常遭到父亲的毒打，现在身上还有伤疤。淑芬原以为丈夫的脾气会随着年龄的增长而有所改变，但事与愿违。

问题：

1. 简述心理学、社会学习理论及社会性别理论关于婚姻暴力的阐述。

2. 作为一名社会工作者，你将如何遵循针对妇女受暴的干预原则和干预策略进行工作？

【答题要点】

1. 心理学、社会学习理论及社会性别理论关于婚姻暴力的阐述如下：

（1）心理学侧重从个人因素来探讨，认为施暴者个人的认知、行为和情感方面的缺陷导致了暴力行为，如自卑、不会表达思想和情绪、害怕与人建立亲密关系、多疑等。案例中的丈夫施暴的个人因素主要是赌博、酗酒后丧失理智。

（2）社会学习理论从个人与家庭等微观系统分析暴力产生的原因，认为暴力是一个社会性习得行为，是通过直接体验或者观察而学到的，以此来解释个人是如何在童年时代的经验中，以及在社会化过程中学习到暴力行为的。本案例中，淑芬的丈夫幼年遭受父亲的家庭暴力，因而习得了应对压力的暴力方式。根据此理论，既然暴力是习得的，那么在干预中也可以通过再学习改正施暴行为。

（3）社会性别理论认为，家庭暴力是一种男性对女性行使的权力，是父权文化的产物。社会文化把家庭暴力当成"家务事"或者"私事"，并且将妇女受虐归为"个人"原因。现有对家庭暴力的法律制裁缺少细致的规定，依靠法律制裁的力度不够。因此，在"清官难断家务事"的文化中，针对妇女的家庭暴力行为得到某种程度的掩饰，这些社会文化因素促使妇女变成"习得无助"，而沮丧和无助感使得她们在暴力面前越来越难采取行动，只能留在受暴的婚姻中。案例中淑芬为了保全家庭和女儿的成长，宁可自己受委屈。

2. 针对妇女受暴的干预原则是：关注受害妇女的生命安全；接受受害妇女描述的问题而不是责怪受害者；尊重受害妇女的人格独立，增强她们的自信心；与受害妇女建立信任、真诚的专业关系。

针对妇女受暴的干预策略如下：

（1）为受暴妇女提供各种形式的服务。本案例中，社会工作者可以对淑芬进行个案辅导，帮助她调整认知、疏导情绪、修正行为，引导她重新认识暴力行为，最终敢于反抗压迫。

（2）建立受暴妇女支持小组。促进小组成员发展出自己主动参与反暴工作的意识及唤醒社会的理解和关注。

（3）建立对施暴人的干预机制，不仅要从法律上更要从思想认识上使其认识到如何尊重妇女，制止其暴力行为。

（4）开展反对针对妇女暴力的综合干预行动，建立多部门合作机制。从公检法、城市、农村、医院、妇联等领域进行研究、行动，以倡导立法等形式进行综合干预，建立多机构合作的反对针对妇女暴力的机制。鼓励和支持建立为受害者服务的专业机构。

（5）促进相关立法及法律完善。向有关机构及其领导者、决策者进行倡导、宣传、培训；开展国际合作、政府和非政府组织间的合作；建立和完善对受暴妇女的社会救助机制；向大众进行重视妇女人权的宣传和教育；倡导社会营造尊重妇女的良好氛围。

第二题：案例分析题

案例：

淑华是普通的农村妇女，丈夫没有固定工作，有酗酒的习惯，而且酗酒后经常对淑华施虐，甚至毒打。淑华是家庭的经济支柱，有一个女儿，因为淑华生下的是女儿，她的丈夫和婆婆都认为是她的错。

淑华经常向同村的好姐妹们诉苦，但是她们都认为要顾及面子，家丑不可外扬，大多劝她忍气吞声。淑华曾在无奈之下向妇联和派出所民警求助，但是拒绝了他们的实质性帮助。有段时间，淑华因为不堪苦恼，几乎想自杀，她自己也越来越觉得这就是她的命，天生注定，不可改变，生女儿也是她的错。

问题：

1. 根据增能社会工作的假设，淑华的无力感是怎样形成的？

2. 从优势视角来看，淑华的资源主要有哪些？

3. 从个人、小组、社区3个层面，分析解决淑华问题的简要策略。

【答题要点】

1. 增能理论的假设包括：

（1）个人的无力感是因环境的排挤和压迫产生的，根源在于受压迫群体的自我负向评价和与外在环境的互动过程中形成的负面经验，宏观环境的障碍使他们难以在社会中行动。

（2）社会环境存在直接和间接的障碍，使人无法发挥自己的能力，但这种障碍可以扫除。

（3）每个人都不缺少能力，个人的能力可以通过社会互动不断提升。

（4）服务对象都是有能力和价值的，社会工作者的作用是通过共同活动帮助服务对象去除环境中的压制和无力感，使其获得能力并正常发挥他们的社会功能。

（5）社会工作者和服务对象是合作伙伴关系。

分析案例，淑华的无力感源于家庭环境的排挤和压迫，以及在家庭结构和互动中的负面经验。另外，淑华的社会环境对其提供的帮助和支持也有限。

2. 从优势视角来看，淑华的资源主要有：

（1）个人资源与缺失。吃苦耐劳，是家里的经济支柱，照顾婆婆和女儿，比较有能力；情绪不良、悲观、认命等不良认知。

（2）环境资源与缺陷。环境缺失，家庭关系不良，同辈支持不足，妇联和派出所认知不足、帮助有限等。

3. 从个人、小组、社区3个层面介入解决淑华的问题，策略如下：

（1）个人层面。情绪疏导，改变认知，通过优势视角重建自信，重新规划人生，技能培训，职业培训，家庭治疗。

（2）小组层面。妇女发展小组，支持小组，共同发展等。

（3）社区层面。建立社会支持网络，争取资源和政策。

单元 3 闯关题

第一题：案例分析题

案例：

王阿姨家有两个儿子，大儿子已结婚，与老人同住，小儿子在外省读大学。最近，王阿姨因与儿媳之间产生了矛盾而心情烦躁，晚上经常失眠，唉声叹气。经社会工作者了解，让王阿姨与儿媳产生矛盾的原因是房子。大儿子与儿媳刚结婚时，王阿姨家只有一套两居室的住房，在朝夕相处中，王阿姨与儿媳总会因为一些鸡毛蒜皮的小事而发生口角。为了不影响家庭和谐，王阿姨和老伴儿商量后，决定把房子让给儿子和儿媳住，老两口再到外面买一套房子，因为是用他们自己多年的积蓄和养老金买的，所以房产证上也只写了老两口的名字。没想到这件事招致儿媳的不满，儿媳说两套房子的房产证上都不写他们的名字，是老人故意的，想要日后将房子留给小叔子，甚至还威胁说，如果房产证上没有自己的名字，以后她就不负责两位老人的赡养问题。这番言论让王阿姨伤透了心，她因此不知所措。

问题：

1. 请界定上述案例中王阿姨面临的主要困境。

2. 针对王阿姨目前面临的问题，社会工作者主要可以采取哪些介入策略？

【答题要点】

1. 根据上述案例，王阿姨面临的主要困境有：

（1）婆媳矛盾。王阿姨和老伴儿买了一套新的房子，并且房产证上只写自己与老伴儿的名字，这个举动让儿媳不满，造成了严重的婆媳矛盾。

（2）生理症状。因为与儿媳经常发生口角，再加上房子引发的矛盾，王阿姨的心情受到很大的影响，并因此出现失眠等症状。

2. 针对王阿姨目前面临的问题，社会工作者可以采取个案辅导与家庭辅导综合介入的策略：

（1）个案会谈。①与王阿姨会谈，通过同感表达建立信任关系，用个案工作心理社会治疗模式中"描述-宣泄"的方法帮助服务对象疏导、释放负面情绪，缓解情绪问题；帮助其调整认知，引导对儿媳的理解；针对失眠严重等生理症状，链接医疗资源。②与王阿姨的大儿子和媳妇会谈，以接纳、尊重、同感的理念和技巧建立信任关系；通过提供信息让他们了解两位老人对房屋产权具有决定权，并且明白自己有照顾父母的责任；帮助其调整认知，疏导情绪。

（2）家庭会谈。搭建沟通的桥梁，协调王阿姨与儿媳之间的关系，让她们了解彼此的想法，通过换位思考来相互原谅彼此以前因小事发生的矛盾，并且消除矛盾。对房产证的问题，让王阿姨多与儿媳沟通，说明房产证没有儿子与媳妇的名字并不是为了日后留给小儿子，只是因为买房时用的是自己和老伴儿的积蓄，且买房也是为了避免与家人产生不必要的摩擦，是为了维护家庭成员之间和谐的关系，帮助建立家庭契约。

第二题：方案设计题

案例：

近年来，职场性骚扰事件频频曝出，其中大部分受骚扰者是女性，这引起了社会广泛关注。

某地工会联合社会工作服务机构计划在 H 企业中开展反职场性骚扰服务。服务前期的抽样调查显示，大部分企业员工对职场性骚扰问题有比较正确的认识，但也有少部分人认为受害女性"衣着暴露，是自找的""男人难免有点不良习气"，甚至有人认为那些投诉上司有性骚扰行为的女性是"别有用心"。在对受害女性的深度访谈中发现，有的受害女性希望惩戒骚扰者，却不知如何投诉；有的受害女性因为担心遭到打击报复、被人嘲讽后失去工作而选择了忍气吞声；有的受害女性甚至出现了自卑、罪恶感、恐惧和自我封闭等较为严重的心理问题。

问题：

依据社会性别理论，设计一份反职场性骚扰的社会工作服务方案，需说明理论，并分别运用个人发展模式和社群权益模式，列出具体目标和干预策略。

【答题要点】

1. 社会性别理论

社会性别是指在一个特定社会中，由社会形成的男性和女性的群体特征、角色、活动及责任。社会性别是在人们社会化的过程中形成的。通过接受教育，男孩和女孩分别学习如何按照社会关于不同性别的观念来规范自己的行为，成长为符合社会性别角色定型的男人和女人。

传统的、定型的社会性别观念规定了男人和女人不同的发展路径，而且男性优越于女性的性别定型认识阻碍了妇女的发展。因此，打破传统的社会性别定型认识，重新反思和认识社会性别，对妇女发展、男女平等的实现有深刻的含义，也是妇女社会工作的目标。

社会性别理论就是要从性别视角去看待女性在社会生活中的地位，必须有性别平等的敏感性，关注女性是否受到来自社会各个方面的影响，是否造成了男女社会地位的不平等。

2. 个人发展模式：与工作生活相关的社会-心理服务模式

（1）个人发展模式层面的具体目标：

①改变对性骚扰现象"合理化"的错误认知，让女性对性骚扰有正确的认识。

②改变对性骚扰不知如何投诉的现状，帮助女性了解如何面对性骚扰。

③消除女性对维权报复的顾虑，增强其勇气和信心。

④疏导和解决女性遭遇性骚扰问题后的心理问题。

（2）个人发展模式层面的干预策略：

①通过教育宣传等方式，改变错误认知，增强女性的自我意识。

②提供法律咨询，帮助女性了解在遭遇性骚扰问题时的应对方法，协调资源，联系相关专业律师，为女性个体提供法律方面的专业咨询服务，帮助女性了解在遇到性骚扰后，该如何收集证据、如何投诉、如何保护自身安全等问题。

③通过引入法律维权服务，帮助女性维护合法权益，杜绝女性遭到打击报复的情况发生。

④引入心理咨询和心理疏导服务，促进女性心理健康。提供压力舒缓课程和人际关系训练，还可成立有类似处境的女性支持小组，帮助受害女性解决自卑、罪恶感、恐惧和自我封闭等心理问题。

3. 社群权益模式：针对社会政策与社会环境的服务模式

（1）社群权益模式层面的具体目标：

①进行广泛的宣传，扩大对职场性骚扰的社会关注。

②提供倡导和教育，形成对性骚扰零容忍的群体意识。

③建立健全法律方面的咨询与介入机制。

（2）社群权益模式层面的干预策略：

①通过对相关案例的普法宣传，扩大对职场性骚扰的社会关注。

②通过多元化的宣传和讲座形成对性骚扰零容忍的群体意识。组织关于性骚扰的宣传活动，帮助职场女性了解什么是性骚扰、为什么会引起性骚扰、如何避免等相关知识；同时宣传妇女保护的有关政策。鼓励大家面对性骚扰，不逃避，知道这不是女性自身的问题。

③建立多渠道、多部门的合作，完善女性在遭遇性骚扰问题时的咨询、投诉与法律介入的工作机制。

第七章

残疾人社会工作

7

【本章复习提示】●

　　本章主要介绍残疾人社会工作，考试要点主要包括残疾人的需要及问题、残疾人社会工作的特点、残疾人社会工作的主要内容和方法。从社会工作的专业关怀角度出发，残疾人是需要特别重视的一个特殊群体。

　　残疾人的需求与面临的问题是理解掌握本章的重点，社会代价理论、社区照顾理论及社会网络理论能够帮助考生更好地理解残疾人的需求和问题，结合考题给出的案例回答残疾人的需求及问题也是案例分析题很好的出题点；要重点掌握教育康复、职业康复及社区康复的内容及其康复模式，结合考题给出的案例依据康复模式回答方案设计考题。

单元 1　基础题

第一题：案例分析题

案例：

小明，17岁，某职校学生。不久前与母亲外出时不幸遭遇车祸，导致双腿截肢。截肢后的小明变得沉默寡言，不愿主动与人交往，与父母关系也日渐疏远。职校虽然表示愿意接收小明返校读书，但由于缺乏相关经验，针对小明致残状况的特殊安排迟迟没有落实，因此，小明至今没有返校。母亲感到十分自责，对小明的任何要求都尽量满足，希望能以此"赎罪"。父亲因为唯一的儿子成了残疾人，认为自己是世上最不幸的人，整天唉声叹气、愁眉苦脸。小明感到前途渺茫，内心十分焦虑。了解到小明的情况后，社会工作者决定介入。

问题：

1. 本案例中的小明有哪些服务需求？

2. 依据残疾人社会工作的教育康复模式，本案例中的社会工作者应开展哪些工作？

【答题要点】

1. 根据《中华人民共和国残疾人保障法》和《关于加快推进残疾人社会保障体系和社会服务体系建设的指导意见》的规定，残疾人的权益和基本需求主要包括康复权、教育权、劳动权、文化生活权、社会保障权和环境友好权。

本案例中截肢后的小明目前的主要需求包括：

（1）康复的需求。由于刚刚截肢，小明需要持续的健康维护，需要配备假肢，需要康复训练，需要必要的药品与器械。

（2）教育的需求。目前小明的教育权被剥夺，虽然学校表示愿意接收小明重返学校，但因致残状况的特殊安排而迟迟没有落实，小明至今没有返校。

（3）文化生活的需求。目前小明没有返校，没有与其他人交往，不方便参与学校及社区的文化生活。

（4）社会福利的需求。小明需要有人帮助他及家庭了解残疾人的福利政策，需要享受到应有的福利。

（5）友好、便利的环境需求。需要改善家庭环境，社区中有无障碍通道，校园、社区没有歧视，而且需要友好和支持。

此外，由于小明变得沉默寡言，不愿主动与人交往，且由于上学难对小明和家人又造成了心理障碍，对此，小明需要社会工作者对其进行心理辅导和治疗，需要社会工作者帮助其疏导情绪、调整认知，学习接纳自我，重拾对生活的信心和勇气。

2. 残疾人的教育康复是指学龄残疾人的特殊教育及义务教育阶段后与职业康复和就业安置等相关的教育工作。

本案例中，针对小明的教育康复服务应包括：

（1）对小明开展人与环境互动的教育。帮助小明认识自己的残疾、认识日常生活的环境、认识自己的心理状态；运用个案、小组和社区等方法提供专业化重点服务，使小明的身心与环境达到和谐,积极应对残疾及残疾的生活状态。

(2)进行"补偿性"功能的损害训练,不仅帮助小明学习基础性科学文化知识、进行劳动技能和职业技能训练,还要链接服务资源为小明提供适合身心发展的培训。

(3)在与服务对象"在一起"工作中,激发小明的主体性,从而达到教育康复、心理康复和功能康复的"三位一体"。

针对小明父母的服务应包括:

(1)给予家庭照顾者以及家庭成员心理的支持,缓解其精神压力,帮助小明父母防止歧视、忽视或过度的呵护和保护的两极不恰当做法。

(2)普及残疾人教育康复的相关知识,提升康复技巧。帮助构建社区型社会支持系统,提升社区志愿者的服务质量。

(3)帮助小明父母正确认识和对待已经残疾的小明,消除小明母亲的负罪感以及改变其由于过分自责以致对小明溺爱、过度关照等不正常的情况;改变小明父亲认为自己"倒霉"的看法,使他们树立起对小明康复和发展的信心,从而对小明产生一种正面影响。

社会工作者在帮助小明及其家庭的同时,还要促使社会组织、服务机构和其他残疾人康复工作者掌握有关知识,不断提高各专业人员的综合技能。

第二题:案例分析题

案例:

小杰,今年12岁,因幼时患有小儿麻痹症,导致双脚不能自行站立、独立行走。当时小杰家中经济条件并不宽裕,没有对他进行及时的康复治疗,这给小杰的生活、学习以及进入社会都造成了严重的阻碍。转眼小杰到了要入学的年龄,家里的经济条件有所好转,也能给小杰带来衣食无忧的生活。可是因小杰双脚不方便,且担心他会因此而受到学校老师和同学的歧视,小杰的父亲就没让他按时入学,而是请人在家中单独教小杰读书写字,同时也非常注重小杰在兴趣特长方面的培养。看到小杰喜欢在纸上乱涂乱画,就请老师教他学习绘画。后来小杰又喜欢上唱歌,于是小杰的父亲又找来声乐老师教小杰唱歌。基本上小杰喜欢什么,父亲都会及时请相关方面的老师来教小杰什么。久而久之,母亲感觉到这样有些不妥,于是在朋友的介绍下找到某社会工作事务所,向事务所里的社会工作者求助。

问题:

1. 请针对小杰的情况,分析他所面临的困境与需要。

2. 如何依据社区康复的原则帮助小杰?

3. 在小杰进入特殊学校接受教育后,社会工作者应如何配合学校做好特殊教育工作?

【答题要点】

1. 小杰现在面临的困境与需要主要有:

(1)康复的需要。小杰缺乏必要的康复训练,双脚不能独立站立、行走,也缺乏生活的自理能力,对他人的依赖性很强。

(2)教育的需要。小杰的父母因担心小杰受他人歧视,在适龄时不让小杰正常入学,只在家中接受少量家庭教育,使得小杰没有接受应有的教育。

(3)社会化的需要。小杰封闭在家里,没有朋辈交往,脱离社会,造成社会化困难。

2. 残疾人的社区康复应遵循以下原则。

（1）社会化的工作原则。通过社区康复，残疾人不仅要实现身体功能的康复，更重要的是应实现重返社会的最终目标。

（2）低成本、广覆盖的原则。社区康复应针对病、伤、残者的康复需求和资源状况，采用低投入、高回报、高效益、广覆盖的方法。

（3）因地制宜的原则。社区康复应依据社区的社会背景、经济水平、文化习俗、康复技术、资源状况和康复对象需求等实际情况，因地制宜，采取适合本地的社区康复模式开展工作。

（4）因陋就简的原则。社区的资源是有限的，应在尽可能动员社区力量的基础上因陋就简，使康复人员、康复对象及其亲友自制康复训练器械，充分利用传统的医学知识，采用易懂、易学、易会的实用技术，使康复成为普遍理解、便于推广应用的服务措施。

（5）因势利导的原则。利用"全国助残日""国际残疾人日"、节假日、双休日，通过政府及慈善组织和扶贫基金会等社会力量，经常举办各种类型的公益活动，帮助残疾人提高生活质量、改变生活状态、参与社会生活。

（6）康复对象及其家庭积极参与的原则。社区康复服务应使康复对象及其家庭成员主动参与，树立自我康复意识，参与康复计划的制订，配合康复训练及回归社会等全部康复活动。

依据上述原则，社会工作者所采取的实际策略应包括：

（1）为小杰进行康复训练，链接社区康复资源，并配置一些适当的康复器具，进行必要的物理治疗，培养小杰的生活自理能力，让他进行一些力所能及的日常活动。同时，注重小杰心理方面的康复和培养，最大限度地减小小儿麻痹症对他日后生活的影响。

（2）联系康复机构，在医生、护士的指引下，适当组织小杰及其家长进行户外活动，让小杰多与外界接触，重返社会。

（3）联系特殊教育学校或愿意接收小杰的普通学校，并建议小杰的父母将小杰送到正规学校随班就读，接受正常的学龄教育，充分发挥孩子的潜在能力。

（4）协助小杰父母研制家庭可用的帮助康复的工具。

3. 社会工作者本身虽然不能代替从事特殊教育服务的教师，但是可以全面介入这项工作的过程。在工作中要注意以下几点。

（1）面对小杰。要配合特殊教育工作者进行针对残疾人的基础文化科学知识及劳动、职业技能的训练，加强对小杰身心全面发展的课外训练。在小杰所在的专门的特殊教育机构里，社会工作者要有选择地开展个案工作，及时开展小组工作，以帮助他顺利接受特殊教育。

（2）面对小杰的父母和其他人。家庭和社会不正确的认识和态度会从负面影响残疾人自身对残障的认识和态度，使他们更消极、自卑、退缩，不利于康复和自身能力的提高，也不利于社会地位及家庭地位的提高。因此，社会工作者要使小杰的父母以及周围的人都能正确认识和对待残疾人，要让他们知道，歧视、蔑视残疾人或过分呵护、怜悯两种极端的认识和错误态度都不利于残疾人的康复，应矫正这些不当行为。

（3）对社会组织、服务机构和其他残疾人康复工作者。在帮助小杰及其家人的同时，促使社会组织、服务机构和其他残疾人康复工作者掌握有关知识，增加知识储备、提高专业技能。

单元 2 提高题

第一题：案例分析题

案例：

某社区内成立了一家专门为智障人士服务的社会工作机构，在成立之初，机构内活动设施及康复设施齐全，并且配备了 4 名专职的社会工作者负责活动的策划与机构管理，同时有众多的志愿者前来协助提供服务。在硬件和软件设施皆齐全的情况下，有 23 名智障人士加入其中。机构每周开放 5 天，平常的活动形式多样，内容也很丰富，学员们都很喜欢，他们的家人也因此感到非常放心，觉得找到了一个能帮助智障人士回归社会的场所。但久而久之，受一些外在的不可控因素影响，其中 2 名专职社会工作者先后离开了机构，机构的志愿者数量也越来越少。至此，平日里的活动越来越流于形式，变得枯燥无味，学员们越来越不爱参与，大多数时间只是在机构中安静地坐着或是自己玩耍，这让机构负责人很头疼。

问题：

1. 请针对上述情况，对该社区的这家社会工作机构面临的问题作出陈述。

2. 如果你是这家社会工作机构的负责人，为了改善机构的服务，你会怎么做？

【答题要点】

1. 该社会工作机构面临的问题是：

（1）专业社会工作者的流失、志愿者的减少，致使机构的服务不到位，无法为社区内的智障人士提供可行、有效、经济、全面的康复服务。需要因地制宜地调动和挖掘社区资源，吸引更多的专业人员及志愿者加入服务队伍。

（2）康复活动流于形式，影响智障人士的康复效果和质量，需要重新对现有的活动进行设计与策划，并将活动落到实处，切实为智障人士提供有效的服务。

2. 作为这家社会工作机构的负责人，为了改善机构的服务，可以从以下几个方面着手。

（1）根据社会工作机构的特点和实际情况，重新调整及设计康复活动，为机构内的学员组织各类兴趣小组，并定期开展活动。

（2）根据学员的智力水平划分不同的层级和类别，针对不同的人员层级调整和设计新的康复活动，以满足不同层级的智障人士达到不同康复目标的要求。

（3）通过社区工作模式，整合社区资源，开展社区倡导和教育，为社区内的居民普及智障方面的知识，提高大家对智障人士的理解与接纳程度，动员社区居民包容社区内的智障人士，同时也争取更多社区公众对残疾人工作的支持与参与。

（4）以小组的形式将机构的智障学员及其家人组织起来形成支持小组，定期开展各种主题活动，通过小组活动来带动小组成员相互分享经验，为他们搭建社区和周围环境的全新的支持网络，协助智障学员及其家庭解决问题。

（5）充分调动社区资源，如智障人士亲属、邻居等，鼓励并激发这些人际网络发挥作用，同社会工作者一起帮助智障人士进行康复训练。另外，组建较为稳定的志愿者服务队伍，通过相关培训使他们掌握与智障有关的基本知识，并为他们提供服务的基本方法和技能，保证他们提供服务的持久性。

第二题：案例分析题

案例：

44 岁的友军是一名货车司机，两年前的一天，在送货途中不幸遭遇车祸，导致下半身瘫痪，只能依靠轮椅行动。这对友军来说无疑是一个沉重的打击，因为他失去的不仅是行走能力，还有工作能力。这样一来，一家人的生活重担全都落在了妻子身上，这让家里的经济水平迅速下降。妻子因此而感到压力倍增，但又不得不比原来更努力地赚钱维持家用。妻子在心情不好的时候常常会对友军和儿子发脾气，一方面抱怨儿子不听话，不好好学习，容易和儿子起冲突；另一方面又埋怨丈夫的无能，让自己为家庭付出太多，失去得太多。每当听到这些话，友军感觉很难过，他想好好地和儿子沟通，但他的想法似乎并不奏效，儿子总是无视他的关心和管教；他想分担妻子的辛劳，但看着自己已不能动弹的双腿，他感到无能为力，觉得自己是一个没有未来的废人。

问题：

1. 在上述案例中，友军目前面临的主要困境与需要有哪些？

2. 如何帮助友军进行职业康复？

【答题要点】

1. 在上述案例中，友军目前面临的主要困境与需要有以下几点。

（1）需要职业康复训练。友军已经残疾两年了，生活自理能力应该发展出来了，但是还没有工作，友军刚 44 岁，仍然需要工作去证明自己的价值。同时，所有经济重担都压在了妻子身上，家庭经济出现困难，也需要友军去工作。

（2）需要建立生活的信心。一场意外导致友军下半身瘫痪，并因而对未来充满绝望，失去生活目标，认为自己是一个废人，没有价值，因此需要帮助友军重新建立生活的信心。

（3）需要协调家庭关系。友军与家人之间的沟通出现一定的障碍，妻子抱怨他无能，儿子与他的沟通越来越困难，这些都导致友军无法缓解紧张的家庭关系。

（4）需要协调亲子关系。友军想好好地和儿子沟通，但他的想法似乎并不奏效，儿子总是无视他的关心和管教，因此友军需要和儿子有很好的沟通和交流。

2. 职业康复是指通过一系列措施，稳定且合理地解决残疾人的就业问题，主要是提供职业服务，包括职业咨询、职业评估、职业培训、职业指导和有选择地安置工作。职业康复是残疾人融入社会的最有效途径，是一种集合了"治疗-康复-发展" 3 种功能的方法。如果说教育康复的重点是提升残疾人融入社会的能力和素质，那么职业康复的重点就是实现残疾人助人自助和奉献社会的价值。结合职业康复的流程，帮助友军的职业康复工作可以从以下几个方面着手。

（1）职业咨询。分析友军的情况，虽然下半身瘫痪，但由于以前是货车司机，双手有力灵活，可以寻找不需要下半身只需要动手能力的工作。

（2）职业评估，即评定残疾人的工作能力和适应职业的可能性。联系专业机构对友军进行身体、心理和职业适应性的评估，为友军的职业生涯规划提供科学的依据。

（3）职业培训。链接职业培训机构资源，让友军接受相关的基础知识和技能培训，并形成从事职业活动所具有的能力和态度，以便适应实际的工作环境。

（4）就业指导。社会工作者常常扮演就业指导师角色，可以在选择职业、职业准备、求职面试等方面为服务对象提供指导。

单元 3　闯关题

第一题：方案设计题

案例：

某社区残疾人比例较高，特别是近半年发生了两起重大事故使两人致残，一起事故是小区张奶奶的孙女出小区大门时被公共汽车撞倒，车轮从其左腿上碾过，住院治疗 3 个月，最终一条腿还是没有保住。另一起事故是张大妈晚上在小区遛弯，被 7 楼掉下来的花盆砸在脑袋上，当场晕倒，送到医院抢救，医生说是引发了脑出血，最后落得神志不清楚、左半身行动不便的结果。针对社区出现事故造成人员伤残的情况，社区的社会工作机构准备组织实施相关的服务项目。

问题：

请以"关爱生命"为主题设计社区康复项目方案。

【答题要点】

1. 背景与理念

调查表明，导致残疾的主要原因是：遗传、疾病、意外伤害和有害环境，而社区内每一个成员都离不开社区的生存环境、生活方式、防病治病的条件和社区安全设施。案例中的社区半年内发生两起致人伤残的重大事故，说明社区内居民安全意识不强，社区内存在安全隐患。安全隐患不消除、安全意识不强化，就难以杜绝危险事故发生。

2. 项目名称

"关爱生命"社区康复周。

3. 目的与目标

目的：营造安全社区的文化氛围。

具体目标：消除社区安全隐患，提高社区居民的安全意识和责任感，建立社区安全隐患监督机制，为残疾人提供康复服务，建立残疾人社会支持网络。

4. 具体行动方案

（1）实施社区康复三级预防。通过实施监督免疫接种、围产期保健、预防性咨询及保健、减少暴力、预防交通意外、加强公共场所安全、避免引发伤残的危险因素或危险源、指导健康的生活方式、提倡合理行为及精神卫生、安全防护照顾等措施预防致残性伤害和残疾的发生；通过实施残疾早期筛查、定期健康检查、控制危险因素、改变不良生活方式、预防并发症、早期医疗干预、早期康复治疗等措施防止伤害后出现残疾；通过实施康复功能训练、康复咨询、支持性医疗及护理、必要的矫形替代性或补偿性手术等措施防止残疾后出现残障。

（2）开展康复评定和建档工作。邀请专业机构在社区中针对残疾人运用客观、科学的方法对功能障碍性质、部位、范围、程度、发展趋势等作出全面评定，包括肌力评定、运动功能评定、日常生活能力评定、认知功能评定、心理功能评定、社会交往功能评定、职业技能评定等。同时，在社区建立残疾人服务档案，根据残疾人的特征、发展趋势和潜能开发可能性，提供适当的社区康复方案。

（3）开展具体的社区康复服务。社区康复的内容是多样化的，就是要整合社区中的各种资源，通过各种康复性治疗，最大限度地恢复残疾人所丧失的功能。社区康复集教育康复、职业康复和医疗康复等功能于一体，实施"治疗-康复-服务"整合性服务。

第二题：案例分析题

案例：

张华从部队复员后在一个小区物业公司做管家，由于他热心细致的工作受到业主的喜爱，领导也很器重他，他还经常为居家的老人读书讲故事，大妈们都常夸赞张华的声音好听，就像播音员，张华也很热爱自己的工作。但是几个月前，张华骑电动车过马路，被飞驰的汽车撞倒失去了双腿……张华一时难以接受这重大的打击，回避亲朋好友，觉得自己的人生完了，没有活着的价值了……

问题：

1. 以人类行为与社会环境理论视角分析张华的需要。

2. 以优势视角评估张华的资源与优势。

3. 按照职业康复模式提出服务计划。

【答题要点】

1. 张华的需要：

（1）生理需要：康复身体创伤，配备假肢，训练恢复行走功能。

（2）心理需要：帮助张华疏导情绪，调整认知，接纳身体的变化，提高对生命价值的认识和理解。

（3）社会需要：需要重新就业，需要联结亲朋好友等社会支持。

2. 张华的资源与优势

（1）个人资源：军旅生涯经验，热爱自己的工作，工作热心细致，深受业主喜爱，有播音特长。

（2）环境资源：领导的器重和支持，业主的认可和爱戴。

3. 职业康复计划

（1）职业咨询：与张华一起分析其目前的状况可能无法继续物业管家的工作，物业公司也可能会按照一定的程序解聘张华，就张华可能承担的工作及个人喜好进行讨论，例如可否寻求一份播音工作。

（2）职业评估：以播音工作为例，首先与张华讨论播音工作的职业价值、职业环境、职业特点、需要的技能及报酬等，确认张华是否接受；其次讨论张华具备的资源，声音好，曾经常为业主读书讲故事，语言经验较丰富等。

（3）职业培训：帮助张华寻求播音培训课程，链接资源。

（4）就业指导：包括寻求工作机会，指导准备求职资料，辅导面试、鼓励增强自信等。

第八章

矫正社会工作

8

【本章复习提示】

　　本章主要介绍矫正社会工作实务操作。要理解矫正社会工作的概念及功能、服务对象的需要和问题、矫正社会工作的特点及发展历程、矫正社会工作的主要内容和方法（如行为治疗法、理性情绪治疗模式、同伴教育等）。重点内容包括：服务对象的需要和问题、矫正社会工作的特点、对于涉罪成年人的服务内容、运用行为治疗法戒除毒瘾的操作步骤等。要背诵并解析重点词语，如"矫正社会工作""标签理论""行为治疗法"等的含义。要掌握典型案例中出现的行为治疗法、理性情绪治疗模式等方法的运用。

单元1 基础题

第一题：案例分析题

案例：

王某，男，21岁，大专在读，家庭经济条件一般。最近认识了一帮行为不良朋友，并染上了毒瘾。因父母给的生活费有限，他持刀抢劫了一名女子的首饰去买毒品，被警察抓获并被关进了监狱。其父母得知后很震惊，他自己也十分悔恨。社会工作者此时介入，为王某开展了个案服务。

问题：

1. 在监服刑期间，矫正社会工作者可以为王某提供哪些服务？

2. 运用行为治疗法，具体说明如何协助王某戒除毒瘾。

【答题要点】

1. 本案例中，矫正社会工作者可以为王某提供以下服务。

（1）协助适应监禁场所生活。向王某介绍监狱的环境、作息制度、监管措施、奖惩办法等；协助王某戒除毒瘾；提醒王某善交狱友，保持行为端正，预防犯罪思想观念和行为的交叉感染。

（2）提供专业咨询服务。通过公民教育，使王某逐步了解并习得合法公民的基本素养；通过心理、情绪辅导，改善王某的不良情绪；对王某加强职业技能训练，使其出狱后可以用社会认可的方式和途径谋生；通过自我认知能力训练、人际沟通能力训练、人与社会相互关系知识的学习等，提升王某人际交往的意识和能力。

（3）帮助加强与社会的联系。邀请知名社会人士（如学者、文艺工作者）到监狱开讲座、开展文艺演出，使王某了解外面社会的变化；通过打电话、组织家属探访、倡导放假制度等方式，保持和加强王某与其家庭的联系，促进他的正面转化；动员社会志愿人士与王某建立结对帮教关系，用真情感化他，为其日后重返社会构建良好的社会网络。

注：服务内容的点多答不扣分。

2. 运用行为治疗法戒除毒瘾的操作如下：

（1）评估方案。为王某制订一个评估方案，在治疗前对他的外在问题行为的表现进行记录。

（2）治疗的策略与技巧。选择恰当的治疗策略与技巧，如运用反应性治疗技巧中的药物厌恶疗法、想象厌恶疗法等，以减少王某毒瘾发作的次数。

（3）增强物的使用。当王某抵制毒瘾成功一次后，及时给予奖励以满足其精神、社会和心理的需要，如赞赏、快乐、自由等。

（4）强化程序。在治疗初期，凡王某成功抵制一次毒瘾后便给予奖励；在治疗中后期，成功抵制几次毒瘾后才给予奖励。

第二题：案例分析题

案例：

张某，男，45 岁，初中文化程度，因犯故意伤害罪被判有期徒刑。服刑期间张某表现良好，经法院裁定假释。张某妻子已于几年前与其离婚，变卖房产后带着儿子移居外地。目前，张某只能与父母、兄嫂同住，但矛盾冲突不断，家庭关系十分紧张。同时，回到社区后，张某感到不适应，对人高度戒备。他多次尝试找工作，却因文化程度低、没有专业技能等原因未能成功，户籍办理也不顺利，再加上最近又被查出患有肝病，张某感到生活压力很大，十分自卑、沮丧，却不知向谁求助。对此，社会工作者计划以个案管理的方式为张某提供服务。

问题：

1. 本案例中张某有哪些服务需要？

2. 在本案例中，社会工作者进行个案管理时需要注意哪些问题？

【答题要点】

1. 本案例中张某的服务需要主要包括以下几个方面。

（1）基本生存条件的保障需要。基本生存条件包括：维持基本生活所需的经济收入或最低生活保障救助；维持基本生活所需的住房条件；维持身体健康的卫生医疗待遇等。本案例中，张某的房产被变卖，只能与父母、兄嫂同住，有住房保障的需求；他多次尝试找工作，却因文化程度低、没有专业技能等原因未能成功，有获得维持基本生活所需的经济收入保障的需求；户籍办理不顺利，无法申请最低生活保障救助，有申请最低生活保障救助的需求；最近又被查出患有肝病，有获得维持身体健康的卫生医疗待遇的需求。

（2）教育、就业权益的保障需要。张某文化程度低、没有专业技能，因此有获得教育、就业权益的保障需求。

（3）正常家庭生活的需要。张某前妻带着儿子移居外地，张某与父母、兄嫂同住，但关系不良，其正常的家庭生活需要不能得到满足，因此有正常家庭生活的需求。

（4）再社会化的服务需要。张某只能与父母、兄嫂同住，但矛盾冲突不断，家庭关系十分紧张。回到社区后，张某感到不适应，对人高度戒备。这表现出张某无法融入家庭和社区，有再社会化的服务需求。

2. 本案例中，社会工作者进行个案管理时需要注意如下问题。

（1）要重视并善于与张某建立良好的专业关系。在个案管理开始阶段，张某可能会具有被动、不配合甚至抗拒的心理和行为特点。社会工作者要用接纳、尊重、平等的态度来对待他，以便与其建立良好的专业关系。

（2）要有重点、分步骤地制订矫正工作计划。矫正是一个长期的工作过程，社会工作者需要协助矫正对象解决许多复杂和艰难的问题，所有这些问题很难在短时期内全部解决，所以社会工作者必须引导张某共同参与，有重点、分步骤地制订矫正工作计划，逐步实现矫正工作的最终目标。

本案例中的矫正对象张某出狱后面临的问题较多：家庭问题，包括前妻带着儿子移居外地、与父母和兄嫂关系紧张，社区适应问题，就业问题，身体健康问题，情绪问题，等等。社会工作者在了解张某的困难和想法后，要引导张某一起分析什么是当前最迫切需要解决的问题。

（3）要善于协调多部门、多机构提供整合性的服务。个案管理是一种资源的联系与整合的服务，其服务计划可能涉及许多部门和机构的人员、物资和财力的配合。个案管理社会工作者此时要扮演协调联系者的角色，在必要的时候要召集包括服务使用者在内的各相关人员进行协商，这样既能为张某提供所需的充足服务，又能尽量避免服务的重复和资源的浪费。

（4）要着眼于张某的潜能，发掘他自己解决问题的能力，切忌包办代替。本案例中，个案管理的目标是帮助张某恢复或重建通过正常途径获得社会资源的意识与能力。因此，在工作过程中，要着眼于张某的潜能，发掘他自己解决问题的能力，切忌包办代替。

单元 2 提高题

第一题：案例分析题

案例：

服刑人员李某假释回到社区后，感到难以适应，总觉得自己低人一等，被人瞧不起。面对家人的不接纳，以及自己无房住、无经济来源、无工作的窘境，李某十分悲观，觉得这辈子再也没有希望了。一天，李某在办理低保申请时，工作人员要求其补齐材料再来办理。李某为此很生气，与工作人员大吵大闹，并当场撕掉了申请材料。

社会工作者及时介入，为李某开展了个案服务。社会工作者运用理性情绪治疗模式（ABC治疗模式），协助李某调整非理性信念；协调多方资源缓解李某的生计困难；并协调李某与家人的关系。在社会工作者的协助下，李某找到了工作和临时住房，家人重新接纳了李某。李某的生活状态有了明显好转。

问题：

1. 社会工作者为李某提供了哪些促进社会适应的服务？

2. 运用理性情绪治疗模式，对李某申请低保时的A、B、C作具体说明，并分析其相互关系。

【答题要点】

1. 根据案例，社会工作者为李某提供的促进其社会适应的服务有以下几点。

（1）提供住宿场所。李某自己无房住。社会工作者协助李某找到了临时住房。

（2）提供就业辅导。李某陷入了无经济来源、无工作的窘境。在社会工作者的协助下，李某找到了工作。

（3）协调家庭关系。社会工作者协助李某重新得到家庭的接纳。

（4）提供心理支持，进行情绪辅导。李某假释回到社区后，感到难以适应，总觉得自己低人一等，被人瞧不起，觉得这辈子再也没有希望了，并在办理低保申请时与工作人员大吵大闹。社会工作者让李某的生活状态有了明显好转。

2. 理性情绪治疗模式以人本主义作为理论基础。理性情绪治疗模式对人的心理失调的原因和机制进行了深入分析，提出了比较有影响的 ABC 理论。

A 代表引发事件（activation events），是指服务对象遇到的当前发生的事件。

B 代表服务对象的信念系统（beliefs），是指服务对象对当前所遭遇事件的认识和评价。

C 代表引发事件之后出现的各种认知、情绪和行为（consequences）。

理性情绪治疗模式指出，服务对象的认知、情绪和行为的反应受其信念系统的影响。如果服务对象用一些非理性信念看待引发事件，这种非理性信念就会使服务对象在情绪和行为上出现困扰。所谓非理性信念，是指那些把特定场境中的经验绝对、普遍、抽象化之后与实际情况不符的想法和观点。

在本案例中，A 是指李某办理低保申请这一事件，工作人员要求其补齐材料再来办理；B 是指李某对该事件的认识和评价，李某认为工作人员应该办理，觉得没有办理是因为自己被人瞧不起，很悲观；C 是指李某办理低保时没办理成功，因此很生气，与工作人员大吵大闹，并当场撕掉了申请材料。

根据理性情绪治疗模式，A 李某办理低保申请时工作人员要求其补齐材料这一事件，不是引发 C 李某没办理成功，与工作人员大吵大闹，并当场撕掉了申请材料的直接原因，而 B 即李某的"被人瞧不起""低人一等""这辈子再也没有希望"等信念是非理性的，才是导致撕掉材料的行为 C 这一结果出现的原因。

第二题：案例分析题

案例：

刘某，男，46 岁，年幼时父母离异，跟父亲和姐姐一起生活，不再与母亲来往。刘某小学时特别调皮，经常惹事，父亲脾气暴躁，常对他拳脚相加。刘某与父亲的关系一直很紧张，和姐姐则比较贴心。1992 年，刘某因严重犯罪被判无期徒刑、剥夺政治权利终身。服刑期间，刘某因表现良好多次被减刑，2008 年年底假释回家，按规定接受社区矫正。

回家后，刘某与父亲同住。靠父亲的退休金生活，经济比较紧张，而且父亲一直对刘某给家庭造成的影响耿耿于怀，常常对他冷嘲热讽。姐姐在大型超市当理货员，工作十分辛苦，家里经济条件也不好，但还是非常关心弟弟，常常送些生活用品，并帮忙洗洗涮涮。刘某觉得姐姐生活不容易，不愿再给姐姐添麻烦。

目前，刘某没有固定工作，仍单身一人。看到昔日的同学、朋友都已成家立业，他也很想做点事情，可是做生意没本钱，找工作没技能。在屡屡碰壁后，刘某牢骚满腹，情绪很不稳定，在接受社区矫正初期非常抵触。社会工作者安排他定期参加社区公益活动，但刘某经常迟到。

问题：

1. 刘某面临的问题和需要是什么？

2. 社会工作者在与刘某建立专业关系时需要运用哪些专业技巧？

3. 下列说法中，符合矫正社会工作价值伦理的有哪些？

（答题时只需在专用答题卡上写出正确选项的代码）

a. 社会工作者应该认同刘某的价值、尊严及社会权利

b. 社会工作者应该接纳刘某本身及其过去的犯罪事实

c. 刘某的迟到可能是有原因的，社会工作者应该结合实际对刘某的问题作个别化处理

d. 社会公益活动是一种既定安排，社会工作者应该要求刘某在任何情况下都准时参加

e. 社会工作者应该相信刘某是可以改变的

【答题要点】

1. 刘某面临的问题有：

（1）社会功能缺失的严重程度增加其功能恢复与重建的难度。刘某社会功能严重缺失，情绪不稳定，牢骚满腹，面临抵触矫正、就业困难、家庭经济困难、没有成家等问题。

（2）服刑者的身份使刘某处于社会资源网络的边缘地位，无法得到或很少得到一般社会成员可以得到的经济、物质、社会保障资源，在生活、教育、就业、卫生、住房、家庭婚姻、社会交往等方面都面临比一般社会成员更大的压力。

刘某的需要有：

（1）基本生存条件的保障需要。尤其是刘某和父亲生活在一起，靠父亲的退休金生活，经济紧张。

（2）教育、就业权益的保障需要。刘某没技能、没本钱，难以就业。

（3）正常家庭生活的需要。刘某单身一人，昔日的同学、朋友都已成家立业。

（4）再社会化的服务需要。刘某需要恢复和重建其严重缺失的社会功能，恢复正常生活。

2. 社会工作者在与刘某建立专业关系时需要运用的专业技巧有：

（1）同感。社会工作者应通过阅读刘某的资料或与其接触感受刘某面临的问题，增进对刘某的认识和理解。

（2）诚恳。社会工作者要在专业关系中始终保持诚恳的、开放的、真实的态度。

（3）温暖与尊重。社会工作者要关心、关注刘某的一切，并能够向刘某传达这种情感。

（4）积极主动。社会工作者应以积极主动的态度表明自己关心他。

3. 符合矫正社会工作价值伦理的有 a、b、c、e。

单元 3 闯关题

第一题：案例分析题

案例：

李某，男，25 岁，未婚，初中毕业，出狱后与父母同住。李某认为钱是万能的，能够改变一切，他一直梦想一夜暴富，所以对于收入较低的工作岗位不屑一顾。他从不主动了解就业市场的需求，加上学历较低，所以一直待业在家，每日无所事事。

新入职的社会工作者小王认为，李某目前的状况主要由待业所致，只要替他找到工作问题就全部解决了。于是，小王想方设法寻找就业信息，多次向李某提供就业岗位，但一直没能成功。因此，小王十分沮丧、困惑。

问题：

1. 本案例中，社会工作者小王的服务目标与矫正对象李某的需要存在什么偏差？

2. 对社会工作者小王制定的服务目标可以作出哪些具体的修改？

【答题要点】

1. 本案例中，社会工作者小王的服务目标与矫正对象李某的需要存在偏差。按照社会工作通用过程模式，制订服务计划时的目的和目标要经过双方的协商，可以由社会工作者根据服务对象的情况提出目的和目标，然后与服务对象逐条讨论，最终确定。但是本案例中，社会工作者小王认为解决服务对象就业问题是主要目标；而李某认为钱是万能的，能够改变一切，他一直梦想一夜暴富，所以对于收入较低的工作岗位不屑一顾。社会工作者小王设定的服务目标与李某的就业目标不一致，服务目标存在简单归因问题。

2. 对社会工作者小王制定的服务目标，建议修改如下：

（1）帮助李某树立正确的择业观，不能好高骛远，要脚踏实地。

（2）帮助李某多了解劳动力市场的新动向、新需求，鼓励其积极参加就业培训和指导，提高就业竞争力，努力寻找适合自己的工作。

（3）李某已经 25 岁了，却还依靠父母生活，社会工作者小王可以从李某父母方面入手，依靠其家庭来督促李某尽快就业，从而为下一步开展社区矫正工作打下良好的基础。

第二题：案例分析题

案例：

李某结束了强制隔离戒毒回到社区，刚入职的社会工作者小王与其进行第一次接案面谈。

小王：你好，我是社区社会工作者小王。我的任务是帮助你戒除毒瘾，恢复正常生活，防止复吸的情况发生，督促你完成社区矫正工作。

李某看了一眼小王，不语，低下了头。

小王：你有什么需求？我能否帮你解决？

李某：我没有工作，经济困难，你们能解决吗？

小王：可以啊，我可以帮你申请临时性补助。

李某：我听说别的街道可以帮助就业，你也必须帮我解决！

小王：现在我已经了解了你的服务需求，我会想办法帮你解决。

李某：我等着你给我送来补助金，尽快帮我找到工作。

机构督导老张看了小王与李某第一次的面谈记录后，及时对小王进行了个别督导。

问题：

1. 分析小王"界定服务对象的需要和问题"的任务完成情况。

2. 小王在与李某澄清角色期望和责任方面存在哪些问题？

【答题要点】

1. 小王"界定服务对象的需要和问题"的任务完成情况：

（1）小王了解了服务对象面临的问题：没有工作，经济困难。

（2）小王了解了服务对象的实际诉求：申请补助、解决就业。

（3）小王未能了解服务对象对个人本身的看法，即他认为自己存在什么问题，有什么困难和需要，以及问题的范围、持续时间、原因、程度如何。

（4）小王未能了解服务对象期望达到的目标，即他希望从与社会工作者的接触中获得什么改变、解决什么问题、产生什么结果，服务对象解决问题的动机强不强，面谈中的表现如何，什么是他最担心、忧虑的，什么是他最希望的，这些是否就是使事情或者问题发生转机的契机和动力等。

2. 小王在与李某澄清角色期望和责任的过程中存在以下问题。

（1）双方并未进一步沟通双方想法的差异与距离，也没经过最后一次协商达成一致看法。

（2）双方没有澄清服务过程中彼此的责任。

（3）小王没有发掘服务对象的潜能与优势，会谈过程中处于被动局面。

（4）小王与服务对象没能建立专业关系，信任感建立不充分。

第三题：方案设计题

案例：

社区矫正机构计划将刑满释放人员的综合管理纳入服务范围。经调查，该社区刑满释放人员中无业者居多，但社区就业资源的利用率较低。对此，社会工作者对有劳动能力的刑满释放人员进行了访谈，关于对自己的定位和就业的看法等问题，他们对社会工作者说："我们这种人是社会的'渣滓'，在里面蹲了那么多年，现在出来还能有啥用，什么都不会，出门坐哪路公交车都搞不定，更别说工作了。""到哪里人家都戴有色眼镜看我，犯了一次错误，难道要一辈子受惩罚？""现在找工作都得上网，我连电脑都不会用，去哪儿找工作都不知道，哪家单位会要我啊。""社区里适合我们的岗位不多，上次去办理就业登记，人家看了我的档案就说，'好多人还安排不过来呢，你就慢慢等吧。'""社区提供的职业技能培训也跟不上，再说现在工作都要政审，我们肯定通不过的。""我大字不识几个，所以要求也不高，工资高点儿，活儿轻点儿，能坐在办公室上班就可以了。"

问题：

结合本案例，以促进刑满释放人员就业为目的，从微观、中观、宏观3个层面设计服务方案（只需说明各层面的具体目标和服务内容）。

【答题要点】

1. 从微观层面来讲，寻找工作是刑释人员回归社会的重要途径和手段。社会工作机构和人员在这方面的服务包括对刑释人员进行心理辅导、工作技能培训，帮助联系、介绍职业，还要通过辅导帮助受助者养成工作和学习的意识和习惯。通过这些服务，帮助刑释人员提高自信心和重新投入工作的能力，使他们尽快就业。

2. 从中观层面来讲，要开展社区教育，培育社区居民接纳、尊重矫正对象的意识和习惯。社区矫正的功能发挥要靠社区居民的共同参与，从而使刑释人员融入社区成为正常社会成员。社区矫正社会工作者要通过社区教育的途径消除社区居民对矫正对象的偏见，培育社区居民接纳、尊重矫正对象的意识和习惯，使矫正对象顺利回归社会。同时，要挖掘社区志愿力量，共同参与社区矫正工作，以提高工作效率。

3. 从宏观层面来讲，要协调多部门、多机构提供整合性的服务。刑释人员的就业需要许多部门和机构的人员、物资和财力的配合，为刑释人员提供技能培训、合适的岗位。另外，可以修改一些岗位政审的标准，使具备该岗位能力的刑释人员不至于因为政审通不过而一直得不到工作。

第九章

优抚安置社会工作

9

【本章复习提示】

　　本章主要介绍优抚安置社会工作服务对象的需要和问题以及优抚安置社会工作的特点、主要内容和方法。主要内容包括优抚安置社会工作的基本概念和特点，服务对象的需要和问题，优抚医院、光荣院、军转复退军人安置、军休社会工作等，以及认知和情绪问题处理、临终关怀与哀伤辅导、危机干预、支持网络建构、社会工作督导等主要方法。复习中可结合案例进行分析，熟悉服务对象的需要和问题，理解并掌握本章提到的相关理论、介入重点。

单元1 基础题

第一题：案例分析题

案例：

尤某是一名来自四川汶川的 18 岁的武警战士，在地震中不幸失去了所有的亲人。他强忍着失去亲人的痛苦，坚持奋斗在第一线，争取救下更多人的生命。但不幸的是在一次救援中，房屋在余震中二次坍塌，尤某被掩埋其中，后虽被队友救出，但他还是失去了自己的双腿，并伴有多种并发症，需长期治疗。部队为了表彰尤某在抗震救灾中的优秀表现，特记二等功一次。尤某不仅承受着失去亲人的痛苦，还要面对和适应自己身体残疾的事实，并且他也开始担忧自己退役后的生活。

问题：

1. 根据优抚医院社会工作服务对象界定的标准，尤某是否在服务对象范围内？
2. 若要为尤某提供具体的服务，主要内容包括哪些？

【答题要点】

1. 优抚医院社会工作服务对象主要包括伤病残军人、带病回乡复员退役军人、患严重精神病的复员退役军人。根据尤某的情况，若退役回乡，生活需要人长期护理，但其亲人在地震中全部丧生，孤身一人，无依无靠，因此不便回乡安置，属于优抚医院服务范围内的对象。

2. 为尤某提供的具体服务包括：

（1）协助处理尤某的心理问题及其家庭问题。①参与入院时的评估，疏导尤某因伤病残而引起的心理及情绪方面的问题，如失去亲人的痛苦、对自己病情和以后生活的担忧等。②增强对病情或医疗程序的了解与适应，可联合医护人员，采取讲座方式，对有关伤病残引起的心理、生理、社会影响开展宣传教育。③手术或特别治疗之前及之后的心理辅导，针对尤某接受治疗时的担忧等进行辅导。④增进服务对象与医护人员的沟通，建立适当关系。⑤如果遭遇紧急或突发事件，进行及时的危机介入。

（2）协助促进尤某对医院环境的适应。①解释医院的有关规定。②帮助尤某熟练运用医院的设施，充分利用医院提供的医疗、康复服务，尽量避免伤病残的加重和复发。

（3）协助处理尤某与医疗系统的关系。①提供相关的医疗资讯。②联络医疗团队的各专业人员，为尤某提供生理、心理方面的全面性诊疗。③协助尤某运用有关的社会资源。④提供相关的医疗及福利的电话咨询。⑤个案处理及转介。⑥疏导医疗纠纷，妥善处理投诉，进行相关的医务纠纷调解，营造良好的就医环境，构建和谐的医患关系。

（4）出院及跟进服务。①与医护人员一起商讨病情，做好出院评估，制订离院计划，尤其是要做好离院前的适应性方面工作。②协助服务对象一起设计跟进及检讨方案。③使用居家照顾及社会康复护理等机构或志愿者服务。

第二题：案例分析题

案例：

胡老入住光荣院已经有一段时间了，孑然一身的他已经年近90岁，每每看到院内年龄相仿的老人去世，就会陷入一阵恐惧的情绪中，认为自己的"大限"将近。胡老本身就患有多种老年慢性疾病，每逢病痛都会回想起自己年轻时的"丰功伟绩"，对比现在的自己，胡老总是无法调整好自己的情绪，深陷在对生命结束的恐惧和对自己灿烂过去的回忆中，因此他总是闷闷不乐、郁郁寡欢，情况日益严重。

问题：

1. 根据胡老的情况，请你界定他现在的生活中存在的突出问题有哪些？

2. 如果你是负责胡老的社会工作者，请简要介绍什么是人生回顾及其介入的具体步骤。

【答题要点】

1. 胡老生活中存在的突出问题表现如下：

（1）心理失衡。胡老本身患有多种老年慢性疾病，每逢病痛都会回想起自己年轻时的"丰功伟绩"，对比现在的自己，胡老总是无法调整好自己的情绪。

（2）老年慢性疾病增加与生活质量受损。服务对象尤其是高龄服务对象往往受到多种慢性疾病的折磨，案例中的胡老本身就患有多种老年慢性疾病。

（3）社会地位下降。由于长期的和平环境，人们的国防意识、拥军观念有所淡化，服务对象的社会地位有所下降。

（4）社会隔离。对孤老优抚对象多实行相对封闭的机构式照顾，导致其与外界接触较少。

（5）老化问题。在变老的过程中每个人的身心系统都会有某些改变，诸如嗅觉或味觉的变化，这些是慢慢发生的，个人几乎注意不到。而另外一些类似记忆力严重衰退的变化，则会给服务对象的日常功能带来重大挑战。

2. 人生回顾及其介入的具体步骤包括如下内容：

人生回顾是一种通过回顾、评价及重整一生的经历，使人生历程中一些未解决的矛盾得到剖析、重整，帮助个体发现新的生命意义的心理、精神干预措施。人生回顾疗法以完整的个体为中心，强调在关注积极回忆的同时感受消极的经历，重新整合整个人生，以一种平衡的心态评估整个生命的过程，促使其解决过去的矛盾与冲突，从而接纳自己、接纳当下、重建生活的期望。

具体步骤如下：

（1）建立良好的信任关系。本着尊重、接纳、同理、保密的理念，耐心倾听胡老现在的感受、面临的困惑和问题，鼓励他充分表达自己的想法和情绪。

（2）回顾人生经历。采用逆序回顾干预方式进行人生整合：①引导胡老珍惜现在的生活，使其真实地活在当下，"学习享受活着"；②引导胡老找到往事的意义，重温旧时欢乐时光，肯定人生中的积极经历，以曾经的军旅生涯来建构生命的价值；③引导胡老直面自己的局限，接纳生活中好的一面和不好的一面，接受自己独特的人生；④引导胡老重新激活疏离的人际关系，寻求与自己、与他人的和解；⑤引导胡老"拓展个人爱好的圈子"，力所能及地关怀他人、服务社会。

（3）制作人生回顾手册。社会工作者可将谈话记录整理成册，并通过设置老照片、精彩片段回顾、心灵空间、祝福传递等板块，协助服务对象梳理曾经的军旅生涯（立功）、记录过往人生感悟（立言）、肯定个人的良好品质（立德），协助服务对象留下个人精神遗产，帮助传承生命的价值。

单元 2　提高题

第一题：案例分析题

案例：

邵勇出生在一个清贫的家庭，高中毕业后他选择入伍成为一名军人。家人也都很支持他，希望他能在军队中好好表现，争取考军校的机会。在一次运输物资的任务中，邵勇乘坐的汽车由于下雪路面结冰而发生侧翻，他在事故中严重受伤，导致颈椎以下高位截瘫，从此生活不能自理。退役后，邵勇被移交至政府安置，由国家集中供养。但是入院以来，家人由于生活困难，从来没有到医院看望过邵勇，逐渐没有了联系。年轻的邵勇考虑到自己以后的生活，感觉毫无希望，生活没有意义，于是拒绝治疗，甚至出现自杀倾向。

问题：

1. 根据邵勇的情况，评估其现在存在的问题有哪些？

2. 简要介绍危机干预模式及其主要的服务阶段。

【答题要点】

1. 服务对象邵勇存在的问题如下：

（1）生活适应困难，缺乏病理常识和自理、护理知识。和部分住院伤病残军人相似，邵勇是高位截瘫重残人员，生活半自理甚至完全不能自理，日常生活完全需要护理人员的帮助才能完成。从健康军人到需要他人帮助，不仅会产生心理上的不适应，日常生活也难以适应。

（2）心理障碍严重，难以接受伤病残导致的障碍。服务对象因个人遭遇较大创伤，可能会产生一定的心理障碍，同时又与父母等家人缺乏联系，可能会逐渐变得孤僻，人际沟通和日常生活存在某些障碍，往往有强烈的被遗弃感，自尊心脆弱。

（3）生活保障问题。由于相关政策的调整相对滞后于经济社会的发展，导致服务对象的抚恤补助标准偏低，邵勇面临生活困难等问题。

（4）家庭婚姻障碍，生儿育女困难。邵勇尚未成家，即使结婚，婚后保持家庭稳定也需要付出较多努力，但他也有结婚成家、生儿育女的需要。

（5）社会隔离问题。和多数相似服务对象一样，邵勇缺乏社交网络，身心非常孤单。

2. 危机干预是一种短期干预的方法，一般仅持续1~6周，旨在通过运用现有的和新发现的优势、资源和应对机制应对挑战、压力或危险事件，目标是帮助个体、家庭和社区恢复到平衡稳定状态。该模式着眼于调动服务对象的优势、资源和应对机制以克服其面临的发展性、意外性或者存在性危机，适用于人格稳定和面临暂时困境或挫折的人，以及家庭、婚姻、儿童问题或蓄意自伤、自杀、意外伤害等情况。

针对类似邵勇这样的服务对象，危机干预主要包括以下相互联系的7个阶段。

（1）开展评估。全面评估造成危机的生理-心理-社会因素，关注服务对象的情感-认知-行为反应，了解服务对象能够获取的支持和资源，重点获悉服务对象对自身、他人或社会的伤害史，做好致命性杀伤力评估。值得注意的是，在任何时候，服务对象发生危险需要就医的，应本着生命第一的原则马上联系急救站或警方确保服务对象的安全。

（2）建立关系。对于处于危机中尤其是对生活失去信心，可能不会主动求助的服务对象，社会工作者应熟练运用沟通与谈话技巧，主动出击，积极拉近与服务对象的距离，迅速与其建立良好互信的专业关系，协助服务对象敞开心扉。在这一阶段，社会工作者应该运用人本主义的视角，保持冷静和平静，对服务对象表现出无条件且积极的关注、真诚和同理关怀。

（3）聚焦问题。造成服务对象危机的原因多样、问题多元，社会工作者可以使用开放式的问题让其详细阐述危机问题和突发事件，充分表达人生经历和过往故事。在问题呈现的过程中，社会工作者应聚焦在与危机相联系的紧迫性问题上，快速作出危险性判断。

（4）稳定情绪。在梳理问题的同时，要有效稳定服务对象的情绪，帮助其宣泄由危机带来的紧张，协助其远离危险、远离导致自杀等极端行为的情绪反应。在这一阶段，服务对象尤为需要对他们的经历、感情和情绪获得认可和支持，社会工作者可以使用积极倾听的技巧，对服务对象予以鼓励性、认可性、反应性的示意。

（5）制订方案。通过询问，着力呈现、辨识、建构服务对象现有的优势、资源和应对技巧，充分发挥服务对象的能动性，与其一起寻求减轻紧急状况和问题的对策和应对机制。这里尤为强调：介入的目的是处理那些与危机有关的问题，而非完全解决所有问题；介入的焦点是以危机的调适和治疗为中心，要瞄准服务对象当前的需要，确立现实、有限、具体、可行的目标；介入的关键是帮助服务对象修改其意识中和潜意识中存在的问题，故应与服务对象一起探讨可行性方案、制订服务计划，鼓励服务对象自决。

（6）实施计划。在具体实施的过程中，要注重：①输入希望，提供精神支持和宣泄渠道，让迷茫、无助的服务对象重燃对生活和人生的希望。②提供支持，加强资源链接，积极联络亲属，充分利用服务对象自身拥有的资源解决当前问题，共同努力克服危机。③恢复自尊，了解服务对象对自己的看法，协助其重塑自信、增强权能，并在其改变的过程中给予适度激励，以乐观的精神感染服务对象，传递正能量。④培养自主能力，帮助服务对象恢复和发展功能、减少依赖、增强自主能力、克服危机。

（7）后续跟进。社会工作者应该在最初的危机干预结束后适时结案，之后通过电话、网络等媒介或实地回访跟进服务等方式，确保危机情况得到解决，帮助服务对象恢复生活信心，努力促进其身心健康和人际交往。

第二题：案例分析题

案例：

小韩是一名刚刚退役的士兵。他高中毕业以后就直接入伍当兵了，退役后发现自己好像不太适应社会生活，找工作也不太顺利。与其他同学相比，只有高中学历的他也倍感自卑。他开始对自己的生活担忧，对未来也一片迷茫。

问题：

1. 社会工作者可以为小韩提供哪些服务？
2. 在服务过程中需要特别注意的内容是什么？

【答题要点】

1. 复员退役军人安置社会工作是指社会工作者将社会工作的知识、技巧、态度以及价值观应用于复员退役安置工作中，协助复员退役军人实现角色的转变，使其更好地适应环境，顺利地度过军地转化的过渡期。因此，社会工作者可以为小韩提供的服务内容包括：

（1）协助小韩适应新工作和新生活，顺利度过军地转化的过渡期。

（2）协助小韩充分利用和发掘自身和外部的正式和非正式社会支持网络。

（3）加强协调沟通，推进政府主导、部门协作、社会参与的安置格局形成。

（4）倾听小韩的心声，舒缓其情绪，提供慰藉。

（5）协助搭建信息咨询平台，为小韩找工作提供帮助。

（6）积极推进社会政策的良性改变，从政策上为小韩这样的退役军人提供保障。

2. 人的一生是一个不断适应环境的过程，复员退役军人在个体的生命历程中经历了与其他社会成员极为不同的组织化生活，这种组织化的烙印不仅锻造了个体独特的人生特质，也影响着他们"再适应"社会的心路历程。复员退役军人在既往的军营生活中形成了相对固定的工作、生活和人际交往模式，但是由军营到地方，已有的定式发生了变化，在截然不同的新环境中，如何尽快地适应角色转变从而开启新的生活和工作，不仅是复员退役军人面临的难题，也是社会工作介入的重点。

单元 3 　闯关题

第一题：案例分析题

案例：

你是一名在军休所工作的社会工作者。近日你所在的军休所新入所几名退休老干部，经过观察你发现他们对军休所的生活都有不同程度的适应困难，所以你决定以小组工作的方法为他们开展服务。

问题：

1. 你认为新入所的退休老干部面临的问题主要有哪些？
2. 选取某一节小组活动，呈现此次的小组活动计划。

【答题要点】

1. 新入所的退休老干部面临的问题主要有：

（1）角色失调。军休干部移交政府安置是使其重新回归社会，实际上是一个由在职到离职、由军队到地方、由军人到老百姓的社会角色转变过程和"再社会化"过程。对戎马一生的军休干部来说，军转民的手续可以在短时间内办结，但根深蒂固的军队情结深深地影响着他们的休养生活，他们有意无意地"抗拒""延缓"着这种"再社会化"，呈现出一定的角色失调。

（2）心理失衡。随着社会地位发生相对变动，尽管军休干部基本生活无忧，但他们将自己的利益得失与军队和地方管理的离退休干部等同辈群体进行对比时依然会有强烈的相对剥夺感。

（3）行为失范。随着社会转型、体制转轨的加速，既往重视国家利益、强调服从的意识逐步改变，一些军休干部越来越看重自身因为从军而遭受的各种损失和超过一般民众的特殊贡献，自我实现、经济利益日益代替"国家"赋予的价值观，要求"补偿"的呼声越来越高。

2. 此题无标准答案，小组计划书的设计应当主题突出、目标明确，活动能够突出目标及主题，并且符合小组整体进程即可。举例如下：

第三次小组活动
主题：激情燃烧的岁月

本节目标：社会工作者除通过带领组员回顾过去的生活，帮助组员回忆过去的辉煌，更要鼓励组员发挥余热、向前看，不要只沉浸在过去的生活中。

时间：××××年××月××日　　　　　地点：×××军休所活动室

时间	活动内容	活动目的	所需物资	预计困难	应对策略
5分钟	对上次小组活动进行回顾	在回顾中强调和巩固活动效果	无	小组成员不愿意发言	采取依次发言的方式或者利用游戏随机发言
5分钟	热身游戏：手指操	烘托现场气氛，使组员活跃起来，积极参加后续活动	无	小组成员认为游戏无聊，不愿意参加	加大游戏难度，增加趣味性
20分钟	人生回顾：制作人生回顾手册	通过对人生重要事件的回顾和整理制作人生回顾手册，帮助小组成员梳理人生事迹，肯定其生命价值	白纸若干、笔若干	小组成员认为自身无优点，或者不愿与大家分享	善于发现小组过程中成员的态度、行为表现，及时发现后根据情况启发引导
40分钟	分享与总结	成员互相分享自己的人生回顾手册，社会工作者要引导成员互相认真倾听和肯定，分享重点在于鼓励成员珍藏过去，发挥余热，展开新生活	无	成员不愿意发言，或成员发言过于积极，时间控制不好	采取依次发言的方式或者利用游戏随机发言，事先规定好发言时间，保证公平，并控制在规定范围内结束

续表

第三次小组活动					
主题：激情燃烧的岁月					
本节目标：社会工作者除通过带领组员回顾过去的生活，帮助组员回忆过去的辉煌，更要鼓励组员发挥余热、向前看，不要只沉浸在过去的生活中。					
时间：××××年××月××日			地点：×××军休所活动室		
时间	活动内容	活动目的	所需物资	预计困难	应对策略
5分钟	作业	根据下次活动主题，给小组成员预留简单作业，增加其对小组的重视，也能保证下次活动的顺利开展	无	小组成员不重视"家庭作业"	设置奖惩机制，督促小组成员完成家庭作业

第二题：方案设计题

案例：

小陈，1995年出生，2015年入伍，两年后退役回到大学。返校后面对新的环境，他在学习、生活、工作、心理等方面感到十分不适应：新的班级里同学比他小两岁，自己对新知识一时接受又较慢，总觉得自己跟其他同学不一样……和他一样的退役大学生也存在一些困难，于是他们找到学校的社会工作者，想请社会工作者帮助他们形成良好的人际关系，获得学习、生活各方面的支持，使他们对自己有更清晰的定位。

问题：

请设计一份退役大学生校园适应小组方案，只需补充需求评估、小组目标、招募组员（渠道）和小组活动内容。

退役大学生校园适应小组方案	
需求评估	
小组目标	
招募组员 （只列出招募渠道）	
小组活动内容	

【答题要点】

退役大学生校园适应小组方案	
需求评估	运用面谈、问卷调查、查阅文献等方法。退役大学生的需求包括学习上的困难、对个人身份的认同模糊、与周围同学价值观的差异、人际交往困难、生活习惯不适应、对未来发展规划迷茫和年龄差异的压力等
小组目标	通过小组活动帮助退役大学生形成良好的人际关系，获得学习、生活各方面的支持，确立清晰、准确、完善的自我概念，从而适应大学生活
招募组员（只列出招募渠道）	主要有进行面谈、张贴海报、召开会议、组织宣传活动等渠道，遵循自愿参与原则
小组活动内容	共 6 次小组活动： 1. 相互认识：社会工作者介绍自己与小组，用"理财专家""人名串串烧"等热身游戏加速组员认识。制作愿望树和签订小组契约，总结活动 2. 聚是一团火：热身活动；回顾上节内容；通过地雷阵、建塔等活动增强小组凝聚力，建立信任，促进交流，反思并分享 3. 和谐人际：热身活动；回顾上节内容；分享人际交往中的苦恼，通过"我说你画"、情景模拟等活动提升社交能力 4. 认识自己：热身活动；回顾上节内容；填写"人生之轮"使其对自己有充分了解，进行"优点大轰炸"增强其对自我的肯定 5. 生涯规划：热身活动；回顾上节内容；通过"走出舒适圈"活动对自己进行挑战，体验改变自己；写出自己的近期目标，帮助组员认清自己的处境和拥有的资源，增强自信心并反思 6. 依依惜别：热身活动；通过视频回顾以前的内容；分享收获，互送祝福，处理离别情绪，结束

（需求评估要写出运用的方法以及需求评估的具体内容；招募组员环节如果超出了答案列举范围，合理即可酌情给分；小组活动设计不应少于 6 次，只要安排合理，前后逻辑性强，内容合理充实即可得分）

第十章

社会救助社会工作

10

【本章复习提示】

　　本章主要介绍社会救助社会工作，包括社会救助社会工作的概念、特点、作用、主要内容和方法。重点内容是社会救助社会工作的定义、特点和作用；各种社会救助的具体内容，如最低生活保障、医疗救助、教育救助等；社会支持网络的应用和个案管理在社会救助工作中的具体方法等。复习时通过记忆理解、案例分析和考点背诵等方式，系统复习该章节的主要内容。要理解社会救助的概念、特点，熟记各项救助的具体内容，重点掌握社会支持网络和个案管理在社会救助工作中的具体应用。要多看考试题目，提高分析和应用能力。

第一题：案例分析题

案例：

城市居民张某的前妻病故，留有一子，现在的妻子李某是来自外地某村的"外来媳"，没有当地城市户籍。半年前，张某失业，被查出患有癌症，几轮治疗已花光家中积蓄，全家人为筹措治疗费用犯愁。张某的儿子刚考上初中。目前，家庭重担全落在了李某一人肩上，她不仅要照顾卧床的丈夫，还要赚钱养家，由于缺乏工作技能，李某一直找不到正式的工作，只能打零工，收入不高且不稳定，全家人均收入低于当地最低生活保障线。李某感到压力很大，一直渴望有人帮忙，但是她在当地没有亲戚，如今刚嫁过来，不会讲当地方言，也没有朋友可以倾诉，有的邻居认为她是外地人，不愿与她多交往。李某感到很难受，因此也较少参加社区活动。社会工作者在调查时发现，张某所在的社区发展滞后，"外来媳"占很大的比例，其中很多人有不同程度的困难，需要帮助。

问题：

1. 根据社会救助政策，张某一家可以申请哪些救助？

2. 除物资救助外，社会工作者针对李某的现状应着重提供哪些服务？

3. 在社区工作层面，社会工作者应组织哪些活动以促进"外来媳"群体与邻里、社区的互动融合？

【答题要点】

1. 根据我国的社会救助政策，张某一家可以申请的救助如下：

（1）因为张某的身份是"城市居民"，所以张某一家可以申请城市最低生活保障救助。

（2）因为张某是癌症患者，负担不起医疗费用，所以张某可以申请医疗救助。

（3）张某的儿子刚考上初中，所以张某一家还可以申请教育救助。

2. 除物资救助外，针对李某的现状，社会工作者还应该着重提供以下服务。

（1）提供心理支持。为李某提供心理辅导和支持，做李某倾诉的对象，缓解其心理压力，并教授其相应的舒缓压力的方法，鼓励李某树立积极的生活态度。

（2）调节家庭关系。李某需要照顾卧床的丈夫和上学的孩子，觉得压力很大，可能会影响家庭成员的关系，因此也需要社会工作者的支持。

（3）开展能力建设。针对李某缺乏工作技能的情况，社会工作者应该为其提供培训机会，在社区开发一些不需要很强的专业技能的工作，如保洁、家政服务等，帮助李某在社区实习，这样不仅有利于社区服务，还能增加李某的收入，并且有助于她跟邻居沟通。针对李某找不到正式的工作、家庭收入不高且不稳定，社会工作者应该尽快帮助其解决就业问题，积极为她寻找就业信息，向社会用人单位积极推荐李某。

（4）促进社会融入。李某是"外来媳"，不会讲当地方言，造成她与别人交流、沟通不便。对此，社会工作者应该整合社会资源，发挥社区优势，建立邻里支持的网络，扩大李某的社会交往范围，修复她的社会关系。

3. 在社区工作层面，社会工作者可以整合社区资源，动员社会力量，促进李某等"外来媳"群体与邻里、社区的互动融合。

（1）建立邻里支持的网络。类似李某这样的"外来媳"，大多社会交往范围较小，人际圈子同质性高。因此，社会工作者在实施社会救助时要积极地将她们组织起来，采取自助与互助相结合的方式。同时，可以使她们与其他邻里"一对一"地结对为互助小组，帮助她们修复社会关系，建立社会支持网络。

（2）整合驻区单位的资源。在社区层面，共驻共建、资源共享是指单位与社区之间的关系，社会工作者要善于联系社区内的各个单位，注重发掘资源。比如，为这些"外来媳"挖掘就业信息，号召单位对她们进行资金投入或物质支援等；充分调动驻区单位和企业的社会责任感，为李某等"外来媳"的生活改善创造条件，并促使她们积极地与社区其他群众交流、沟通。

（3）联合社会组织的力量。社区层面的组织越来越多，如居民自治组织、非政府组织等。如果社会工作者能够充分利用这些组织资源，就能够为社区困难群体争取到更多的救助机会，也能增强"外来媳"的归属感。

第二题：案例分析题

案例：

某地区经济社会发展相对滞后，领取城市最低生活保障金的家庭较多。最近社会工作者发现"等、靠、要"的思想在该地区开始蔓延，申请享受低保救助的家庭有所增加，甚至出现有的家庭两代人都申请的现象。社会工作者在该地区了解到，有人觉得自己学历低、没技术，找不到工作；有人反映周边虽有一些工作岗位，但待遇不理想；还有人认为如果外出工作，路远、待遇低，还不如待在家里。

问题：

1. 分析该地区申请享受低保待遇家庭数量较多的原因。

2. 从提升服务对象能力的角度，社会工作者可以开展哪些方面的服务？

【答题要点】

1. 社会工作者在参与社会救助过程中需要认真分析服务对象的困难程度、原因以及可能获得的救助类型等。该地区申请享受低保待遇家庭数量较多的原因可能包括学历低、缺乏知识和技能、缺少求职信息和技巧等。具体原因如下：

（1）学历低。经济困难的产生可能与社会成员个人因素相关，如文化程度低。本案例中，社会工作者在该地区了解到，有人觉得自己学历低、没技术，找不到工作，这说明社区中一些人的困境可能是因为文化程度和工作能力较低造成的。

（2）缺乏知识和技能。例如，有人认为自己没技术，所以找不到工作。

（3）缺乏合适的求职信息。例如，有人反映周边虽有工作岗位，但待遇不理想。

（4）其他原因。例如，求职技巧掌握不足、对工作期待较高、过度依赖政府救助等，这些也会造成持续经济困难。

2. 社会救助工作的服务对象大多是老、弱、孤、病、残的社会困难群体，其中一部分人丧失劳动能力，依靠自身力量难以改善生活状况；还有很大一部分人有劳动能力，只是暂时性生活困难。社会工作者此时有必要帮助他们制定最有利的脱困策略，增强其自身致富能力的培养和塑造。除了协助其获得政策范围内的救助，社会工作者还要帮助困境家庭和个人发掘社会资源，提高生存能力，培养工作技能，提高生活质量，通过自身努力彻底摆脱困境。

能力建设包括学习能力、专业技能以及社会能力等方面能力的提升。在生活压力之下，救助对象的就业意愿比较强烈，但是学历低、缺乏知识和技能、缺少求职信息和技巧等，这些因素严重制约了救助对象再就业和增加收入。对有劳动能力的低保家庭而言，需要积极开展能力建设以改善他们的生活质量，使其摆脱困境。例如，可以通过多种形式和渠道的职业技能培训，转变服务对象的就业观念，帮助其提高操作技能、创业能力和市场适应能力等。

社会救助对象大多是困难群体，对这部分服务对象具体可以开展以下几方面的服务。

（1）进行技能培训，如举办妇女刺绣学习班、毛衣编织培训等，并发动社区资源提供销售渠道；针对求职技巧不足的服务对象，进行求职模拟知识的相关培训与学习；针对服务对象人际沟通信心不足、不敢外出的问题，可以提供小组或个案辅导。

（2）提升服务对象就业的信心，组织成功就业宣讲团、事迹展等，为服务对象树立身边的榜样，使他们体会到可以就业以及就业的好处。

（3）组织服务对象寻找就业机会，如动员服务对象在网络、报纸等媒体收集求职信息，制作宣传手册，或专门建立网站、QQ群、微信公众号等，及时提供求职信息。

（4）改变服务对象中可能存在的错误认知，通过社区宣传栏、宣传手册，帮助他们树立劳动光荣、劳动致富的思想意识。

（5）链接地区内外企业资源，为他们提供更多的就业机会和良好的就业环境，并妥善关注留守的家人，使他们安心外出工作。

单元 2 提高题

第一题：案例分析题

案例：

在乡村振兴战略背景下，某镇社会工作站派遣社会工作者进驻移民搬迁新建社区开展专业服务，以巩固和拓展脱贫攻坚成果。

社会工作者通过家访发现：王老汉一家从缺乏基本生存条件的山区搬迁入住新建社区，老伴儿几年前过世；儿子、儿媳在外省打工，会定期寄钱回家，但人很少回来；孙子由王老汉独自照顾。王老汉对社区不熟悉，遇到困难时也不知道该找谁来帮忙，为此他感到十分苦闷。由于搬迁的缘故，与王老汉关系密切的原住地乡亲中只剩下十几个人还保持着联系，经常来往的只有两三个人。这些乡亲表示，如果王老汉有需要的话，他们愿意提供力所能及的帮助。社会工作者还了解到，新建社区中的移民家庭大多有相互联系的意愿，而且不少热心居民愿意提供志愿服务。针对上述情况，社会工作者决定采取社会支持网络的应用策略，从个人层面强化王老汉的网络效益。

问题：

1. 结合本案例，分析社会工作者从哪些方面评估了王老汉的社会支持网络状况？

2. 社会工作者可以通过哪些具体步骤强化王老汉的社会支持网络效益？

【答题要点】

1. 在本案例中，社会工作者从以下几个方面对王老汉的社会支持网络状况进行了评估。

（1）网络规模。即分析救助对象所拥有的可以给自己和家庭带来益处的关系人的数量。如本案例中王老汉家庭的构成人员，与其关系密切的原住地乡亲中还保持联系的人数，经常来往的人数等。

（2）网络基础。即个人社会支持网络中的成员为自己提供援助的能力。社会工作者主要分析了王老汉的家庭、亲人、乡亲、邻里和热心居民等能提供援助的情况，如评估儿子、儿媳能提供的经济支持，其因在外地能提供的情感支持则较为有限。

（3）网络质量。评估网络成员提供和运用资源的能力以及实际提供援助时的意愿强度等。如分析发现原住地乡亲表示愿意为遇到困难的王老汉提供力所能及的帮助；新建社区中的移民家庭大多有相互联系的意愿；不少热心居民愿意提供志愿服务等。

（4）网络强度。主要分析救助对象个人网络中成员之间的接触频率、耐久性以及强度等。如儿子、儿媳会定期寄钱回家，但人很少回来；原住地乡亲中只剩下十几个人还保持着联系，有两三个人还经常来往等。

2. 在分析本案例王老汉的社会支持网络的基础上，社会工作者可采取以下具体步骤开展工作。

（1）和救助对象一起分析网络中能够提供支持的成员，然后鼓励和协助救助对象与其加强联系。

（2）发动志愿者网络资源。将救助对象和愿意提供志愿服务的热心社区居民联系在一起，尤其是采用"一对一"的对接方式更为有效。

（3）结成互助和自助网络。鼓励该移民搬迁新建社区中有相同需求的救助对象组成互助网络，互相支持和鼓励。

（4）发动邻里资源。联系新建社区居民中的骨干、领袖等，通过多元化途径加强社会支持网络建设。

解析：

本题的第1问主要考查社会救助社会工作的主要方法中的"评估救助对象个人社会支持网络状况的四个方面"；第2问主要考查个人层面强化社会支持网络效益的具体步骤。本题也侧重考查考生对案例材料的理解和归纳能力。需依据教材知识点，结合案例具体情况作答，答出要点，言之有理即可得分。

第二题：方案设计题

案例：

某地发生特大洪水，农田被淹，房屋被毁，企业停产，学校停课。社会工作服务机构协助政府部门及时疏散、转移和安置受灾群众。

社会工作者在参与救灾的过程中发现，一些受灾群众因目睹家园被毁的场景而深陷痛苦，难以自拔；一些受灾群众害怕洪水再次来袭，时刻处于紧张、无助和恐惧的状态；一些受灾群众认为邻居分配到的饮用水、衣被等应急救助物资比自己多，从而心生不满，导致邻里关系紧张；还有一些受灾群众担心灾后生计问题，整日忧心忡忡，寝食难安。

问题：

设计一份灾害救助社会工作服务方案，只需列出灾后救助的不同阶段，以及各阶段对应的服务目标和主要服务策略。

【答题要点】

灾害救助社会工作服务方案

序号	阶段安排	服务目标	服务策略
第一阶段	临时安置阶段：灾后紧急救援至1个月内	协助安置受灾人员，紧急处理个案危机	1. 积极参与受灾群众的疏散、转移和安置工作，协助政府提供必要的应急救助服务 2. 及时安抚受灾群众的情绪，随时开展针对受灾人员的危机干预工作，预防二次伤害 3. 有效评估受灾人员的生活需求，链接外部资源，保障吃、穿、住、医的资源供应
第二阶段	灾后1个月至半年内	及时开展心理干预，帮助适应过渡生活	1. 协助受灾群众迁入新居，链接社会资源提供物资救助 2. 协助政府做好灾害救助政策的宣传落实工作，引导受灾群众了解政府救助的内容以及寻求救助的有效途径等 3. 及时开展灾后心理干预、情感疏导的系统性支持服务。有效安抚受灾群众的情绪，鼓励其重振信心，重拾勇气，逐步恢复社会功能和生活功能，逐步适应过渡时期的生活
第三阶段	中长期恢复重建阶段：灾后6个月至3年	修复社会支持系统，实现家庭、社区、社会的重建发展	1. 组织动员全员参与，开展社区人居环境重建。系统评估社区整体重建需求，积极征集受灾群众意见，向地方政府提出社区重建规划建议，组织社区全体成员参与恢复重建活动 2. 修复社会支持系统，恢复社会生活秩序。协助重建社区管理组织系统、社会服务系统；组织策划专题活动，重建邻里关系；参与社会救助活动，保障困难群众基本生活 3. 整合资源自助自救，复苏社区经济秩序。链接外地援助项目，整合社会投资资源，开展系统职业培训，帮助受灾企业、群众实现再生产、再就业

单元3 闯关题

第一题：案例分析题

案例：

某社会工作服务机构承接的"城市低保家庭就业促进"项目结束后，该社会工作服务机构安排评估人员运用程序逻辑模式对本项目进行成效评估。

评估人员通过查阅服务档案了解到，社会工作者为了让服务对象更积极地面对就业，举办了4次政策宣传活动，开展了2个"自力更生"就业促进小组；为协助屡次求职失败的服务对象认识就业形势和自身的优势与不足，完成了5个个案辅导；为提高服务对象就业能力，组织了60名就业竞争力较弱的服务对象参加技能培训；为增加服务对象就业机会，联系了一些企业提供就业岗位。

评估人员还对该项目采用的理论框架、处境分析的结果、影响项目推进的外在环境因素进行了评估。

问题：

1. 该社会工作服务机构在本项目中为低保家庭提供了哪些方面的就业救助服务？

2. 该社会工作服务机构的评估人员运用程序逻辑模式对本项目开展成效评估时，还需要评估哪些要素？

【答题要点】

1. 该社会工作服务机构在本项目中为低保家庭提供了以下就业救助服务。

（1）转变就业观念。为了促进救助对象积极就业，社会工作者要帮助他们转变就业观念，积极参与就业培训，获取就业信息，通过就业改变生活状态。本案例中，社会工作者为了让服务对象更积极地面对就业，举办了4次政策宣传活动，开展了2个"自力更生"就业促进小组。

（2）自我认知调整。社会工作者要协助救助对象认真分析就业形势和自身的优势与不足，调整好自己的认知和心态，以更加务实和乐观的心态积极就业。本案例中，为协助屡次求职失败的服务对象认识就业形势和自身的优势与不足，社会工作者完成了5个个案辅导。

（3）职业技能培训。社会工作者要帮助就业救助的申请者通过参与技能培训，提高自身的能力，掌握一定的就业知识和技能，提高自己的素质和就业竞争力。为提高服务对象的就业能力，本案例中，社会工作者组织了60名就业竞争力较弱的服务对象参加技能培训。

（4）链接就业资源。社会工作者应积极为社区中的困难群体寻找就业信息，协调就业资源，争取培训机会，向社会用人单位积极推荐，维护困难群众的就业权益。本案例中，社会工作者为增加服务对象就业机会，联系了一些企业提供就业岗位。

2. 社会工作服务成效评估的程序逻辑模式主要包含7个环节：资源投入、活动/服务、服务成效、处境分析、假设/理论基础、外在环境、逻辑联系。在本题情境中，评估人员对该项目采用的理论框架、处境分析的结果、影响项目推进的外在环境、活动/服务等因素进行了评估，还需要进行评估的要素如下：

（1）资源投入。是指在服务或活动中所投入的资源，包括时间、人力、财力、活动物资和设备等，这些有助于服务或活动的开展。

（2）服务成效。是指活动和服务为个人、家庭、组群、社区、机构所带来的益处和转变，甚至是一些较长远的影响。

（3）逻辑联系。各部分的逻辑联系要求整个服务项目必须以"成效为本，逻辑为导向""有根有据，环环紧扣"。

第二题：方案设计题

案例：

小宝在5个月大的时候被确诊为先天性脑部瘫痪，这对他的家庭来说无疑是一个沉重的打击。本来家庭就经济困难，小宝的治疗费用和康复费用增加了家庭的经济负担，平时需要亲朋好友的救济。眼看小宝到了上学的年龄，父母又开始为小宝的上学问题而烦恼，夫妻俩经常为小宝的康复问题和教育问题发生争吵。作为社会工作者的你发现了他们家的情况，想要为他们提供相关的专业服务。

问题：

1. 结合本案例说明医疗救助的主要内容是什么？

2. 结合小宝一家的情况，请拟订一份为小宝家庭服务的服务方案。

【答题要点】

1. 针对小宝家的情况，可开展的医疗救助主要内容包括以下几方面。

（1）协助申请救助。社会工作者可以向小宝一家讲解医疗救助的政策、标准和方式，协助他们准备所需材料申请救助，帮助其获得医疗救助。

（2）改善救治环境。在小宝的医疗救治过程中，社会工作者需要帮助小宝一家了解医疗机构的诊疗程序，熟悉治疗过程以及了解治疗效果；同时，积极与医务人员沟通，介绍小宝的具体情况，寻找较为合适的治疗手段和方法。

（3）协调医疗资源。社会工作者一方面要联系医疗保险经办部门，帮助小宝家人通过医疗保险经办机构报销相应的医疗费用；另一方面要联系医疗机构和民政部门，帮助小宝家人准备各种材料，及时就医和诊治，并协助他们获得医疗救助。此外，还要帮助他们了解治疗和康复的知识，寻找当地医院以及社区医院的资源，促使小宝在医院能得到及时治疗。

（4）强化社会支持。社会工作者可以动员志愿者和社区邻里共同帮助小宝一家，增强他们面对生活的信心，给予他们关爱和支持，协助他们融入社区。

2. 服务方案设计如下：

（1）问题陈述及分析：①家庭经济水平满足不了家庭生活需要，小宝的治疗和康复费用使家庭入不敷出。②小宝临近入学年龄，有受教育需求。③夫妻关系不稳定，经常因为小宝的问题争吵，影响家庭和谐。

（2）方案设计：

①方案目标。协助小宝一家提高生活质量，保证小宝的治疗和康复费用，申请医疗救

助；帮助小宝入学，协助其家庭申请教育救助；缓解、调和夫妻关系，使小宝生活在和谐、幸福的家庭中。

②方案实施策略：一是评估小宝家庭情况，协助其申请教育救助，保障小宝入学接受教育的权利；二是评估小宝父母的工作能力和技巧，提供工作技能等培训，为其联系和提供更好的工作机会，以提高小宝家庭的生活水平及质量；三是为小宝父母提供交流沟通的技巧培训，使其在日常生活中能够正常、和谐地进行沟通和交流，避免由于生活压力过大而发生冲突；四是号召社会力量为小宝一家提供更多的帮助和资源；五是利用社区的志愿者等资源，为小宝提供陪伴、康复训练等志愿服务。

③方案执行。包括整合资源、提供服务、监督执行情况、处理危机等。

④方案评估。包括小宝父母对服务的满意程度、小宝对服务的满意程度、方案执行情况及效果评估等。

第十一章

家庭社会工作

11

【本章复习提示】

　　本章主要介绍家庭社会工作，基本内容包括家庭社会工作的定义、基本假设、特征、基本内容（改善亲子关系、夫妻关系的服务）和主要方法（基本原则、实施步骤、评估方法与干预技巧）。复习时要牢记家庭社会工作的定义和特征；掌握家庭系统理论、家庭生命周期理论等主要理论框架；案例分析要联系理论深入剖析问题的成因，正确运用相关技巧；重点是家庭干预技巧的运用，需要通过案例培养应用能力，多看典型案例，总结运用技巧的理论方法。

单元1 基础题

第一题：案例分析题

案例：

雅琴，50多岁，机关干部，丈夫在一家公司工作，收入较高，夫妇俩平时就感情不和，现在丈夫早出晚归，常在外"拈花惹草"，对家中的事不管不问，只把工资交给妻子，家里大小事情都由雅琴料理。

雅琴夫妇有两个孩子，儿子30岁，从小在奶奶身边长大，与奶奶关系亲密，至今没有固定工作，常待在家里，雅琴看他不顺眼，两人口角不断。女儿在雅琴身边长大，母女关系十分亲密，可女儿只谈朋友不结婚，也给雅琴增添了许多烦恼。

雅琴的丈夫在其父亲去世后，将没有收入、身体有病的母亲接到家中一起生活，这给雅琴增加了负担，雅琴内心十分不满，婆媳之间摩擦不断，婆婆和儿子站在一起抗衡雅琴，女儿则站在雅琴一边。雅琴的丈夫为了避免与雅琴发生冲突，逃离家庭矛盾，始终保持"中立"角色，两个孩子与父亲的感情也十分冷淡。

这个家庭每天都生活在紧张的气氛中，雅琴觉得家里人在躲避她，也担心丈夫有一天会抛弃她，脾气越来越暴躁。雅琴感到很孤独无助，也无法向亲友诉说苦恼，所以来到社区家庭服务中心求助。

问题：

1. 用结构式家庭治疗模式，说明本案例中导致家庭问题的家庭结构状况（次系统、系统之间的边界、角色和责任分工以及权力结构）。

2. 依据导致家庭问题的家庭结构状况，指出该家庭中的哪些关系需要改善？

【答题要点】

1. 结构式家庭治疗模式是由米纽秦根据自己多年的实际工作经验总结提出的。该模式认为每个家庭都具有一定的结构，这些结构涉及家庭系统中的次系统、系统之间的边界、角色和责任分工以及权力结构等。

（1）本案例中，雅琴家庭中的儿子和婆婆关系亲密，雅琴和女儿关系亲密，分别形成一组更小范围的系统，即形成两个次系统。

（2）在雅琴的家庭中，雅琴与丈夫之间，雅琴与儿子、婆婆之间，雅琴、女儿与儿子、婆婆两个次系统之间，两个孩子与父亲三个人之间，都关系冷淡、矛盾重重，存在明显的分割界线，形成家庭系统之间的边界。

（3）每个家庭成员在家庭中都占据一定的位置，扮演一定的角色，承担一定的责任。在雅琴的家庭中，雅琴扮演妻子、母亲和儿媳的三重角色，承担管理家务、照顾丈夫和孩子、照料老人的责任；丈夫同时也扮演父亲和儿子的双重角色，承担家中经济来源、照顾孩子和老人的责任；两个孩子和老人也都在自己的位置上承担一定的责任。在功能正常的家庭中每个成员都能够各司其职、相互配合，但在雅琴的家庭中，各成员间摩擦大、配合程度低，角色和责任分工存在缺陷，致使家庭功能失常。

（4）在雅琴的家庭中，丈夫常年在外，家里大小事情都由雅琴料理，雅琴占据家庭权力结构顶端位置。但婆婆进入家庭一起生活之后，婆媳之间摩擦不断，婆婆和儿子站在一起抗衡雅琴，说明婆婆或其所属次系统试图挑战以雅琴为主的家庭权力运作方式。

2. 米纽秦认为，病态家庭结构的基本方式主要包括纠缠与疏离、联合对抗、三角缠、倒三角等现象，而这些也是本案例中存在的需要改善的家庭关系。

（1）家庭系统中各子系统之间的边界不清晰就会导致出现纠缠与疏离的现象。①在雅琴的家庭中，儿子与婆婆关系密切，女儿与雅琴关系亲密，形成两组纠缠的关系；②两个孩子与父亲之间、雅琴夫妻之间、婆媳之间、儿子与母亲之间都表现出关系疏远、冷淡甚至冲突，形成数组疏离的关系。

（2）当家庭成员之间出现相互冲突的现象时，有些成员就会形成同盟，与其他成员对抗。在雅琴的家庭中，婆婆和儿子站在一起抗衡雅琴，女儿则站在雅琴一边，家庭成员之间出现冲突时形成同盟与其他成员或同盟对立，形成联合对抗的关系。

（3）在雅琴的家庭中，婆媳关系的摩擦，把雅琴儿子、女儿也带入了双方的摩擦中，这就形成了三角缠的关系。

纠缠、疏离、联合对抗、三角缠这几种不良关系导致了雅琴家庭的病态家庭结构，严重妨碍家庭功能的正常发挥，因此需要社会工作者采取结构式家庭治疗模式协助雅琴，对家庭的亲子关系、婆媳关系和夫妻关系进行改善。

第二题：案例分析题

案例：

小丽，女，17岁，初中三年级学生。小丽还有两个哥哥，都是初中没毕业就出去打工了，现在都已经成家。小丽家在农村，父母都是农民，但由于这两年收成不好，父亲也出去打工，做起了农民工。小丽的父母一直对小丽寄予厚望，希望小丽能考进市重点中学，所以对小丽处处严格要求。虽然小丽家庭条件不好，可是父母舍得为小丽的教育投资。从小时候起，小丽的每一天都排满了学习课程，小丽父母还为小丽买了各种辅导书。小丽自由活动的时间很少，出去玩一会儿都要向父母请示，买文具、衣服等都有妈妈的全程监督。小丽看到很多同学都可以去外面自由玩耍，还可以随意买自己喜欢的东西，心里很羡慕也很难受。小丽如果和同学出去玩儿，回来也不敢跟家里人说，害怕挨批评。马上就要中考了，小丽很担心，如果考不上重点高中，父母会责备她。有时小丽磨蹭着不敢回家，还学会了撒谎。小丽的父母已发觉小丽经常说谎，而且最近一次月考的成绩也不如以前。

问题：

1. 小丽面临的主要困境有哪些？

2. 针对小丽的困境，社会工作者在介入时可以用到哪些相关理论？

【答题要点】

1. 上述案例中，小丽面临的主要困境有：

（1）父母管教严厉，缺乏自由。父母对小丽寄予厚望，在学习上要求严格，平时对小丽有太多的约束，小丽觉得没有自由。

（2）升学压力大。小丽马上就要进行中考，升学压力较大，月考成绩不理想，不敢回家，害怕遭到责骂。

（3）与父母没有进行正确沟通。小丽向往自由，却不敢和父母说，害怕遭到责骂。小丽和父母之间缺乏沟通，甚至还学会了撒谎。

2. 针对小丽的困境，社会工作者在介入时可能会用到的家庭社会工作理论有：

（1）家庭系统理论。家庭系统理论有3个基本观点：

①家庭成员的基本问题是由整个家庭不良的沟通交流方式导致的。

②家庭所面临的危机既是机会，也是挑战。

③因"问题"而导致的家庭功能的失调能够得到有效解决。

如果社会工作者能够让小丽的家庭成员认识到家庭"问题"的产生与家庭成员的沟通交流方式之间的关联，及时改变这样的交流方式，建构新的交流方式，那么既能解决家庭功能的失调，又能使家庭功能得到充分的发挥。

（2）家庭生命周期理论。家庭也像人一样有一个成长、发展的自然变化过程，这是家庭生命周期理论的核心观点。家庭生命周期理论强调，家庭成员之间的互动交流关系以及他们的需要会随着家庭的发展在不同的阶段呈现不同的特征，每一个家庭发展阶段都有不同的任务和要求需要家庭成员去面对。

小丽的家庭现在处于青少年家庭阶段，这一阶段家庭的主要任务是：

①调整家庭界限以满足青少年的独立要求。

②适应家庭成员对个人自主性的要求。

在本案例中，小丽没有自由，受到的管束太多，阻碍了其发展的独立自主的要求。

（3）家庭抗逆力。任何家庭在"问题"面前都拥有应对困难的能力，并且能通过克服逆境的过程寻求新的发展。家庭抗逆力理论认为，所谓健康家庭，并不是说没有"问题"，而是拥有能力应付"问题"。这要求社会工作者要从不利因素和有利因素两个方面考察小丽家庭应对逆境的过程，因此社会工作者在介入时，要提升小丽及其父母解决"问题"的能力。

（4）生态系统理论。生态系统理论把家庭放在关系复杂的多重系统中来考察。生态系统理论假设影响个体发展的环境可以分为4个系统，这4个系统分别为：微观系统、中观系统、外部系统及宏观系统。这就要求社会工作者在对小丽家庭开展社会服务的同时，要全面考虑4个系统的重要性及作用。

单元 2　提高题

第一题：案例分析题

案例：

某社区一些家庭亲子关系紧张，冲突频发。家长十分焦虑。为此，社会工作者采用"父母效能训练模式"为这些家长开展亲职教育小组活动，小组活动共分为6节。以下对话节选自第一节和第六节的小组过程记录。

第一节：

社会工作者："感谢家长 A 的分享，我们来听听其他家长在亲子关系中的问题，请大家畅所欲言。"

家长 B："我跟 A 一样，我这一天天苦口婆心，好言相劝，希望孩子能好好学习，可是她居然说我像唐僧一样，唠唠叨叨。"

家长 C："我儿子更过分，我只数落了他几句，他居然把门一甩，好几天不跟我说话。越这样，我越说！"

家长 D："这是典型的青春期叛逆，讲道理有什么用？我家孩子也是一样，就得打！"

第六节：

社会工作者："咱们的小组快接近尾声了，请各位家长分享一下在小组中的收获吧。"

家长 E："我收获很大，以前与儿子沟通的时候总是缺乏耐心，控制不住自己的情绪，其实与孩子的关系中，我们家长的态度很重要。"

家长 C："是啊，咱们做家长的谁不为孩子好，但也得注意方式方法。要学会向孩子表达自己的感受，别一味指责孩子，也要听听孩子的心声。"

家长 D："而且不能随便给孩子贴上'叛逆'的标签，这个阶段的孩子渴望独立，咱们做家长的应该给予更多的支持和理解。"

家长 A："我们做家长的要给孩子树立榜样，平时注意交流方式，夫妻之间不能一言不合就吵架。"

家长 B："一句话总结，我觉得我更会做家长了。"

问题：

1. 运用家庭系统理论，分析案例中亲子关系问题产生的原因。

2. 结合案例说明该亲职教育小组实现了哪些具体目标？

【答题要点】

1. 家庭系统理论是家庭社会工作中运用最广也最受欢迎的理论，包含 3 个基本的观点：①家庭成员的问题是整个家庭不良的沟通交流方式导致的；②家庭所面临的危机既是机会，也是挑战；③因"问题"而导致的家庭功能的失调能够得到有效解决。

结合理论，案例中亲子关系问题产生的原因分析如下：

（1）家庭成员间存在不良的沟通模式。案例中很多家庭存在夫妻间、亲子间争吵指责的现象，父母对孩子进行一味的灌输式教育或单一性指责，整个家庭的沟通交流陷入相互指责、相互抱怨的不良循环，没有建立平等、尊重、倾听、同感、和谐的家庭关系。

（2）家庭危机问题的解决能力较弱。案例中当发现家庭存在沟通不畅的情况时，很多家长未能将家庭危机转为解决契机，不能及时反思调整沟通模式，而是仍旧选择以往无效的"问题"解决方式，如继续指责数落、不讲道理一味打骂等，这无疑加深了"问题"，错失了解决问题的新机会。

（3）家庭功能失调，角色定位不清晰。案例中很多家庭将亲子问题归结为因孩子或配偶而导致的问题，为孩子贴"标签"，夫妻间争吵。不能认识到家庭成员间相互依赖、相互影响的作用，不能认识到家庭问题的产生与成员间沟通交流方式的关联，导致家庭功能失调，亲子关系出现问题。

2. "父母效能训练模式"教导家长如何成为一位有效的"辅导者"，如何强化父母与子女之间的亲子关系，如何运用接纳、尊重、同理、倾听等辅导技巧与子女做有效沟通。结合案例，采用"父母效能训练模式"开展的亲职教育小组实现了以下具体目标。

（1）协助父母有效地扮演好父母的角色，提升父母的自我效能感和应对家庭危机的信心、能力。

（2）协助父母了解孩子成长过程中身心发展的特征以及发展中的阶段任务与危机，实现充分接纳、尊重、同理。

（3）协助家长梳理家庭存在的问题，认识到家庭问题产生的根源，了解家庭氛围对子女成长的影响。

（4）帮助父母纠正不当的教养理念和行为，改变父母对子女的管教态度，引导其树立正向的教育观念。

（5）强化父母与子女之间的沟通技巧与沟通渠道，提高家庭教育知识技能应用能力，促使家庭功能健全完善。

第二题：案例分析题

案例：

林女士3年前从农村嫁到城里，全职在家照顾儿子。半年前，儿子发高烧被误诊，智力发展受到了影响。丈夫对此颇有怨言，指责林女士不负责任，连孩子都照顾不好，认为林女士没有文化、难沟通。林女士则埋怨丈夫，每天早出晚归，对自己极为冷淡；觉得城里没有可倾诉的人，常常感到自卑和无助，害怕被丈夫抛弃。夫妻间常为一些小事争吵，婚姻关系出现危机。因此，林女士向社会工作者小郭求助。

小郭了解了林女士的情况后决定对其家庭进行干预。小郭为夫妻双方提供咨询，帮助其分析面临的困难，引导双方将注意力集中在需要解决的婚姻问题上，改变对彼此的消极态度和看法，让夫妻双方从相互指责转变为共同努力，解决面临的困难。同时，小郭挖掘林女士的优势和能力，引导她参与社区志愿服务，帮助她扩展社会支持网络。

经过一段时间的努力，林女士的压力得到了缓解，夫妻关系得到了改善。

问题：

1. 本案例中小郭扮演了哪些专业角色？

2. 小郭运用了哪些家庭干预技巧？并列出对应的具体做法。

【答题要点】

1. 小郭在服务中扮演的专业角色包括以下几种：

（1）治疗者/咨询者。提供咨询，帮助分析问题。

（2）使能者/支持者。挖掘林女士的优势和能力，帮助其扩展社会支持网络。

（3）协调者。引导双方改变对彼此的消极态度和看法。

（4）资源链接者。引导林女士参与社区志愿服务。

2. 家庭干预技巧及具体做法：

（1）聚焦技巧。引导双方将注意力集中在需要解决的婚姻问题上。帮助夫妻双方收窄注意的焦点。

（2）再标签技巧。帮助夫妻双方从更积极的角度界定问题，改变对彼此的消极态度和看法，促使双方产生积极的行为。例如，小郭挖掘林女士的优势和能力，引导她参与社区志愿服务，帮助她扩展社会支持网络。

（3）问题外化的技巧。将家庭成员的个人问题——儿子发高烧被误诊，智力发展受到了影响；夫妻互相指责埋怨争吵，转化为需要整个家庭共同努力去解决的问题，让夫妻双方从相互指责转变为共同努力面对困难。

第三题：方案设计题

案例：

马文，女，43 岁，超市收银员，初中文化。女儿 17 岁，上高中二年级。丈夫是出租车司机，每天早出晚归，由于工作很累，没有时间管教孩子，把管教孩子的任务完全推给了马文。马文希望女儿以后能考上一所好大学，所以对女儿的学习要求很高，每天都逼迫女儿抓紧时间学习，不允许女儿有业余生活。女儿从小喜欢唱歌，可是马文认为唱歌并不能给女儿一个好前程，因此强烈反对女儿唱歌。但是在马文的管教下，女儿的学习成绩并不好，而且厌学情绪越来越强烈。由于压力大，女儿经常会偷偷去网吧上网，有时候甚至彻夜不归，马文知道后很生气，忍不住更严厉地管教女儿，对女儿又打又骂，痛恨女儿不理解自己的苦心、不上进，而女儿见到马文也如同见到了敌人一样。马文现在又开始埋怨丈夫，常常因为女儿的事情和丈夫吵架，夫妻关系因此也出现裂痕。为此，马文非常痛苦，晚上无法入睡，工作时也无法集中精力，经常出现结账错误，压力非常大。

问题：

假如你是一名社会工作者，请针对马文面临的问题，拟订一份服务方案。

【答题要点】

1. 问题的陈述与分析

案例中马文现在面临以下问题。

（1）亲子关系问题。因为马文管教孩子过多，孩子正值青春期，有叛逆心理，所以亲子关系不佳；而丈夫又疏于对女儿的管教。

（2）夫妻关系问题。因为女儿教育引起的压力，马文与丈夫的沟通不良，夫妻关系出现裂痕。

（3）女儿的教育与交友问题。学业不良，有厌学情绪；可能结交损友，彻夜不归等。

2. 方案设计

（1）方案目标：

①改善亲子关系。增进亲子之间的沟通交流，加强家庭的社会功能。

②改善夫妻关系。化解夫妻双方矛盾，改善双方关系，使双方达成谅解，避免家庭解体。

③处理女儿的教育与交友问题。增强女儿学习的主动性，消除厌学情绪；帮助其树立正确的交友观。

（2）方案实施策略：

①亲子关系改善策略。进行家庭辅导，采用角色扮演、模拟等方法促进亲子沟通；建议马文以及丈夫参加家长学校等类似组织，学习培养子女成才的方式以及合理处理家庭冲突的技巧等；组织家庭活动或参加社区活动，加强家庭成员之间的感情交流，以丰富家庭成员的社会生活，促进家庭的和谐。

②对婚姻关系紧张和出现冲突的马文及其丈夫进行婚姻辅导，通过沟通、劝说、协商等方式促进夫妻关系改善。

③对马文女儿进行个案辅导，帮助她制订学习计划，设立合理目标，正确处理唱歌和学习的关系，并鼓励她参加相关学校社会工作活动。引导她分辨益友和损友，学习拒绝诱惑的方法；鼓励她选择顾及自己未来健康发展的益友，拒绝有害自己或他人的损友。注重巩固她与父母的关系，以建立和谐的家庭关系。协助她反思一直以来在家里获得的照顾，鼓励她为家人多作贡献。

（3）方案执行：

主要包括提供具体服务（辅导、相关小组活动和社区活动等）、调动资源（正式支持和非正式支持，包括学校、社区资源）、监督服务执行进度等。

（4）方案评估：

包括马文夫妇及其孩子对服务的满意度、方案执行情况和服务效果评估等。

单元 3 闯关题

第一题：方案设计题

案例：

某乡镇社工站在对低保家庭的社会支持网络状况开展评估时发现：有的救助对象对政策存在误解，有时会因此和基层工作人员发生矛盾；在获得救助后，一些低保家庭仍存在一定的经济困难，有时会采取越级上访的方式希望获得更多的资源支持；部分低保家庭与亲友关系疏远，与邻里也很少往来；当地的社会组织较少开展针对低保家庭的服务；该乡镇与辖区内的一些企业达成了社会救助合作意向，但一直没有开展活动。

针对上述情况，社会工作者计划从整合社会支持网络的资源、丰富社会支持网络的成员构成、发挥社会支持网络的功能 3 个途径开展低保家庭社会支持网络建构服务。

问题：

依据社会支持网络理论，设计低保家庭社会支持网络建构的服务方案，只需列出理论假设、服务目标、服务内容。

【答题要点】

1. 社会支持网络理论的基本假设

（1）人类的生存需要与他人合作，并且依赖他人获得协助。

（2）人的一生中都会遭遇一些可预期和不可预期的事件。

（3）人们在遭遇一些事件时，需要自身资源以及外部资源的支持。

（4）当人们遭遇事件处于压力之下时，社会支持网络能缓解负面的压力。

（5）一个人所拥有的社会支持网络越强大，就能够越好地应对来自外部的挑战。

（6）社会中的困难群体需要强化他们的社会支持网络，增强社会支持功能。

2. 服务方案

根据上述社会支持网络理论假设，设计具体服务方案如下：

（1）整合社会支持网络的资源。

服务目标：强化救助对象的支持网络，使救助对象熟悉政府政策；持续开展物质帮扶与精神帮助，避免救助对象返贫；为救助对象增能赋权，提高"造血"能力。

服务内容：通过资源链接，帮助救助对象搭建救助支持网络；通过开展宣教，协助救助对象了解与掌握政策；通过可持续性的救助帮扶，救助对象彻底摆脱贫困；通过技能培训、帮助发展生产等方式，提高救助对象自身能力。

（2）丰富社会支持网络的成员构成。

服务目标：改善救助对象与亲友的关系；促进邻里互动；发动当地社会组织开展针对低保对象的服务；积极推动辖区企业开展救助服务。

服务内容：通过家庭辅导等方式，拉近救助对象与亲友的关系；开展社区邻里市集、开展社区邻里活动，促进邻里互动；通过政府招投标等方式，促使当地社会组织积极开展针对低保救助对象的服务；通过政策倡导、政府引领，积极推动辖区企业开展救助服务。

（3）发挥社会支持网络的功能。

服务目标：让社会支持网络积极发挥物质援助的功能；积极发挥情感慰藉的功能；积极发挥心理疏导的功能；推动社会支持网络发挥关系支持的功能。

服务内容：从强化社会支持网络效益的角度，帮助救助对象个体获得物质与精神层面的切实帮扶；社区层面，积极推动社会工作专业服务，促进社区整体增能；社会层面，通过企业、社会组织等专业机构发挥组织的影响；政府层面，参与政策倡导，推动利好政策落地。

第二题：案例分析题

案例：

社会工作者在社区调研中发现，一些失去独生子女的家庭存在重重困难，家庭成员不愿意面对现实，长期沉浸在悲伤和自责中，有的夫妻关系变得紧张，导致婚姻破裂的危机；有的老人疾病缠身，无人照顾；有的家庭缺乏稳定的收入，经济困难；有的家庭成员害怕无人养老送终，对未来充满担忧。社区居民虽然对失独家庭感到同情，但不知如何与其交往，也很少邀请这些家庭参加社区活动。

问题：

1. 列出本案例中失独家庭面临的问题。

2. 结合本案例中的问题，从家庭、社区、社会3个层面，社会工作者应采取什么干预措施？

【答题要点】

1. 本案例中失独家庭面临的问题有：失独之痛难以排解，进而产生逃避、厌世甚至仇恨等心理；养老出现困境；现有的救助政策保障力度不够，无法满足这些家庭的需求；婚姻破裂，甚至陷入经济困境；社会缺少对他们的关心和支持等。具体表现如下：

（1）情感问题。长期沉浸在悲痛中，对未来忧心忡忡，缺乏安全感。

（2）婚姻问题。夫妻关系紧张，容易导致婚姻危机。

（3）养老问题。老人体弱多病，缺乏子女的照顾。

（4）经济问题。失独老人丧失劳动能力，没有经济来源。

（5）社交问题。由于缺少与失独家庭交往的经验，邻居大多选择对其疏远。

2. 结合本案例中的问题，从家庭、社区、社会3个层面，社会工作者应采取如下干预措施。

（1）家庭层面。通过家庭社会工作，提供心理辅导，鼓励夫妻相互支持和互助等。

①为失独家庭成员提供专业的心理咨询和辅导，帮助其走出失去独生子女的痛苦。

②调解夫妻关系，化解婚姻危机，提高婚姻质量。

③帮助失独父母培养兴趣爱好，转移情感寄托，重建生活意义和信心。

（2）社区层面。通过社区公共教育让社区居民认识到失独家庭的困境，营造对这个群体尊重、关怀和帮助的氛围；帮助其解决遇到的实际困难，并提供家庭所需的服务；鼓励和动员这些家庭参与社区活动，丰富他们的业余生活，重塑生活意义；组织遭遇同类问题的家庭和人群，形成支持和互助团体。

①在社区居民中普及与失独家庭交往的常识和技巧，提高他们与失独家庭友善相处的信心，鼓励他们多与失独家庭交往。

②针对失独老人，帮助其申请国家低保，以保障其基本生活；协助有意愿、有能力的失独家庭了解收养政策等。

③以社区照顾为依托，招募志愿者服务小分队，定期为老人提供居家照顾服务，以保证其日常生活有人照料，并使其内心得到安慰。

（3）社会层面。倡导保障失独家庭的社会政策不断健全和完善。例如，目前的"三孩政策"是一种预防该类家庭问题的有效措施。提供养老、医疗等社会保障以及一些救助是重要的解决问题的制度性保障。

第三题：案例分析题

案例：

陈某是独生子，父母将近40岁才生下陈某，因此非常宠爱他。但是在陈某10岁时一场大病夺走了父亲的生命，之前为父亲治病花去了家里所有的积蓄，此后陈某与母亲相依为命。读书时陈某比较贪玩，成绩不好。初中毕业后，陈某在一家工厂工作，25岁时结婚。婚后两年，陈某的母亲去世，只给陈某留下了房子。陈某现在32岁，依旧在工厂当工人，育有一个男孩、一个女孩。孩子出生后妻子就辞职在家照顾孩子。最近工厂不景气，陈某被解雇，只能靠摆地摊来维持家用。妻子整天督促陈某去找工作，可是没有进展，夫妻之间经常会因为一些小事吵架。陈某在邻居的帮助下去申请社会救助，可是由于陈某和妻子有家产和工作能力，其并不符合社会救助的条件。陈某由于忙于生计，与孩子相处时间少，孩子们都很害怕他，再加上陈某感慨过去没有好好读书，以致学历低无法找到工作，因此对两个孩子的期望很高。最近上小学的儿子由于考试不及格，被他狠狠打了一顿，第二天儿子没有去上课。

问题：

1. 以上案例中，陈某主要面临哪些问题？

2. 假如你是家庭社会工作者，你该如何作出干预？请列出简要的干预要点。

3. 该家庭属于生命周期的哪个阶段？这一阶段的主要任务和要求是什么？

【答题要点】

1. 陈某面临的问题主要有：

（1）个人方面。失业、孩子表现与陈某期望不符、与妻子吵架等造成情绪状况不佳，需要获得理解与支持；没有找到工作，需要进行培训以及获得就业信息等，也需要外界支持。

（2）家庭方面。一是夫妻关系问题，如和妻子因琐事发生口角；二是亲子关系问题，在对待和教育孩子方面，陈某缺乏教育孩子的技巧，而且与孩子沟通少。

（3）生活方面。家庭经济状况不佳，没有正式工作，摆地摊难以维持家庭开支，找工作不顺利，申请救助未成功，妻子照顾孩子不能外出工作。

2. 针对陈某的现状，提出以下干预要点：

（1）深入访谈，和陈某一同分析和寻找问题的根源，寻求处理个人心理问题方面的辅导策略。

（2）对陈某及其妻子进行婚姻辅导，促进夫妻间的沟通，以协调夫妻双方的关系。

（3）建议陈某参加讲座或辅导，或与孩子的老师联系，学习合理教养孩子的方式和方法。

（4）建议陈某参加职业技能培训，以增强个人的就业能力，寻找稳定的工作。

（5）寻求社会资源，以缓解陈某的家庭经济压力。

3. 陈某家庭现属于学龄子女家庭阶段，该阶段的主要任务和要求是：

（1）培养子女的独立性。

（2）对学校等新的机构和社会成员保持开放态度。

（3）接纳家庭角色的变化。

第十二章

学校社会工作

12

【本章复习提示】

本章主要介绍学校社会工作，包括学校社会工作的内涵、基本特征、功能，以及主要内容（满足困境学生改善性需要、满足遭遇伤害的学生保护性需要和满足全体学生发展性需要）和方法（重要理论概念、传统方法创新、具体方法与技巧举要）。本章出考题概率较高。另外，因为学校社会工作的主要服务对象是在校学生，从生理特点上讲，集中在儿童青少年时期，因此对这部分内容的学习要结合前面章节的儿童和青少年社会工作的内容，注意理解和记忆不同类型服务对象的需求及问题，在此基础上进行案例分析和方案设计。

重点掌握学校社会工作的概念、目标；理解各种服务内容，熟记直接服务、间接服务和学校政策与组织发展服务的具体内涵；系统学习各种方法的适用场景、操作步骤；牢记学校社会工作者可能扮演的不同角色及其职责。通过对上述考试要点的学习，结合案例分析与方案设计等题型的训练，有效提升对本章内容的理解和应用能力。

单元1 基础题

第一题：案例分析题

案例：

某中学位于城乡接合部，该学校有部分农民工子女在读，他们分布在不同的班级。这些学生对自己来自农村和父母在城市打工的身份比较敏感，出现了不同程度的自卑心理，因而他们很少和城里的学生交往。由于教学方式、生活环境的差异，他们在学习上遇到了较大困难。学校社会工作者了解后，准备开始介入。

问题：

1. 满足部分学生特殊需要的学校社会工作服务对象包括哪些特殊群体的学生？

2. 假如你是学校的社会工作者，针对这批特殊的群体开展服务，应该怎么介入？

【答题要点】

1. 学校社会工作除了满足所有学生的一般需要，还必须满足部分学生的特殊需要，包括学业困境学生、人际关系困境学生、家庭生活困境学生、心理状况困境学生和特殊行为群体学生。

（1）学业困境是指学生的学业成绩没有达到学习上期待达到的标准。在学校中，遭遇学业困境的学生容易衍生出情绪困扰、行为偏差和社会适应不良等问题。

（2）人际关系困境是指学生在交流过程中渴望与人沟通、得到别人理解，却因为种种原因难以实现的一种状态。

（3）家庭生活困境学生主要指家庭经济困难和特殊家庭的学生，包括低保家庭、单亲家庭、再婚家庭、服刑人员家庭、残疾人家庭等。

（4）心理状况困境是指在学校感到沮丧、压抑、抑郁、冷漠、嫉妒、焦虑、孤独和浮躁等。

（5）特殊行为群体学生主要是指有暴力倾向、网络成瘾或者违纪的学生。这里所说的暴力倾向主要指校园暴力，即发生在校园内的攻击行为，并重点关注针对在校师生实施的身体上的和心理上的暴力行为。网络成瘾是指对互联网过度依赖而导致的一种心理异常症状以及伴随而来的一种生理性不适。学生的违纪行为主要包括说谎行为、逃学行为、抽烟喝酒行为等。

2. 针对农民工子女这批特殊的学生群体，学校社会工作者可以从以下几个方面开展工作。

（1）通过个案会谈给予情感支持。学校社会工作者可以采用个案会谈的方式，通过适当的感情介入与情感支持，帮助这些特殊的学生表达心声、宣泄负面的情绪；通过接纳、尊重、理解等工作技巧，帮助他们克服自卑的心理，增强自信心，发掘自己的能力和资源；通过必要的互动练习或行为表演，使学生提高与人沟通、人际交往的技术、技巧，恢复勇气。社会工作者还要鼓励父母多与学生沟通，增进亲子关系。

（2）通过小组工作方法发展支持系统。通过自愿的方式把农民工子女组成一个互助小组，加强他们的沟通，让他们相互支持、相互学习，共同探讨解决问题的办法。在小组中，积极挖掘学生的内在潜力，鼓舞他们的生活勇气，使他们看到家庭和自身的资源。采用小组工作的方法，在不同的班级中组织城市的学生志愿者与学习有困难的农民工子女结对子，帮助他们解决在学习中遇到的问题，也可以借此机会增进城里的孩子和农民工子女相互间的了解，优势互补、增进友谊。

（3）挖掘社会资源，形成宏观社会支持系统。学校社会工作者要加强与学生家庭居住社区的联系，充分利用社区资源帮助家长关心照顾子女，给予生活和学习上的支持，缓解经济压力。针对有特殊需求的学生，社会工作者还要积极主动链接民政部门、相关社会机构或社会团体的资源，帮助其解决困难。

（4）增强学生自信，激发学生潜能。学校社会工作者可以鼓励农民工子女以积极的心态看待自己，要善于发现自己的优势，让他们看到家庭困难既是挑战也是机遇，要激发他们学习的动力和激情，帮助他们融入新的学习和生活环境。

第二题：方案设计题

案例：

还有3个月就要高考了，启智中学有部分高三学生十分焦虑，特别是对考试分数过于担忧，难以应对考试压力。表现在：平时不能集中精力复习，考试过程中又过分紧张，甚至有的学生出现心跳加快、手指颤抖的情况，考试后看到分数持续悲观失望、过分沮丧。学校希望社会工作者可以对此问题进行干预，以便使学生以更好的状态迎接高考。

问题：

请你针对上述情况设计一个小组服务方案。

【答题要点】

1. 问题分析

根据上述案例提到的情况，可见部分学生出现了考试焦虑症状。产生焦虑的主要原因归纳如下：

（1）学习负担过重，已经超出学生的承受能力，使学生产生了恐惧的心理。

（2）缺乏良好的学习习惯和学习方法，导致学生学习成绩不理想。

（3）过分看重分数，担心考试分数不高会遭到老师和父母的批评、责骂，或者班级同学的嘲笑。

（4）高考临近的心理压力过大，情绪紧张。

2. 方案设计

针对案例情况，学校社会工作者准备开展一个小组活动，方案设计如下：

（1）小组名称：考试焦虑应对小组。

（2）小组性质及特征：治疗性小组。

（3）小组组员：有考试焦虑症状并且希望改善的高三学生，每个小组人数为8人。

（4）小组目标：协助组员降低或消除焦虑对考试的不良影响；帮助组员学习并掌握一定的放松技巧。

（5）理论依据：以系统脱敏理论为基础（可适当论述）。

（6）招募及筛选方法：到班级口头宣传、张贴海报、派发传单，通过填写考试焦虑自评表进行测量，根据测量结果筛选组员。

（7）活动频率与时间：每周一次，共5次；每次90分钟。

（8）活动地点：学校社会工作站。

（9）各节活动计划：

节次	活动目标	活动内容
第一节	破冰：组员相互认识 介绍小组目标 订立契约、形成小组规范	破冰游戏 介绍小组活动目标 讨论：生活和学习的小烦恼 订立小组规范、签订小组契约
第二节	了解组员对考试的不合理认知并纠正、学习放松的一般方法	热身游戏：大风吹 讨论：考试的经历，开始前、中、后的感受 学习简单的情绪放松疗法 作业：放松练习
第三节	学习系统脱敏法，缓解考试焦虑	热身：简单的肢体活动 活动：考压温度计，用肢体语言表达不同时间段的压力感受 讨论：放松训练的感受 学习系统脱敏法 作业：系统脱敏法的运用
第四节	学会应对生活中的压力	热身活动：捕鱼达人 作业反馈：系统脱敏法的运用 讨论：生活中遇到的压力以及应对方法
第五节	回顾与分享 离别情绪的处理	带领组员回顾小组历程 小组组员发表感言 组员临别赠言 组员合影 宣布结束

（10）评估方法：

①过程评估：每节活动中的观察、小组组员的表现情况、小组组员的反馈。

②结果评估：小组开始和结束时分别做前测和后测，对比小组成效；组员每次活动后填写小组成员服务满意度量表；学校社会工作者的自我评估、反思。

（11）后续服务：对小组组员进行跟进服务和后续服务。

（12）预计困难与应对策略：组员人数较少，可到班级宣传招募，让同学们明确小组目标；组员不配合完成系统脱敏法练习，可让同学们充分理解这一方法的科学有效性。

单元 2 提高题

第一题：案例分析题

案例：

某中职学校为解决新生迟到、旷课和逃学问题，委托社会工作服务机构开展服务。社会工作者调研发现，有的学生认为读职校低人一等；有的学生对所学专业了解不多，更谈不上认同，学习积极性不高；还有的学生觉得前途渺茫，不知道如何规划未来。

社会工作者为这些学生开展自我规划成长小组服务。在每节小组活动中，社会工作者设置"优点一箩筐"环节，鼓励组员发现并分享自己和他人的优点。组员们在相互肯定中更加自信了，也越来越愿意参与讨论。在每节小组活动后，社会工作者布置"勇敢者挑战"作业，要求组员每天在微信群打卡，鼓励大家按时上课，相互督促。社会工作者发现组员打卡越来越积极，还会在群内分享趣闻乐事，他们的自制力在潜移默化中得到了增强。此外，社会工作者专门邀请优秀校友分享就业、创业的成功经历，组员们逐渐养成了良好的学习习惯，开始认真规划自己的学习生活，对未来也越来越有信心。

问题：

1. 依据班杜拉的社会学习理论，分析社会工作者在该成长小组中采用了哪些治疗技术？

2. 综合案例，分析小组工作在促进学生改变中发挥的作用。

【答题要点】

1. 根据班杜拉的社会学习理论，青少年通过观察历程就能进行学习，并不需要个人亲身体验而直接受到奖惩。经观察学习，被观察者也即示范者的行为就成为观察者的"楷模"，再经自我系统的作用，观察者"模仿"了被观察者的行为表现，编码存储在个体内部，进而显现相似的行为。上述观察学习的历程可概括为注意过程、保持过程、再生过程、增强过程 4 个步骤。

班杜拉认为青少年辅导与治疗的最终目标是自我规划，要使青少年实现自我规划需要 3 个阶段，即诱发改变、类化、维持。班杜拉提出了 3 种治疗技术，结合本案例分析如下：

（1）实例楷模法。引导青少年观看实例，如电影、电视的示范，使当事人学习适当的行为。本案例中社会工作者专门邀请优秀校友分享就业、创业的成功经历，组员们逐渐养成了良好的学习习惯，开始认真规划自己的学习生活，对未来也越来越有信心。

（2）认知楷模法。从增加青少年的认知结构或自我效能着手，如增强青少年的信心，使他相信自己有改变的可能。案例中社会工作者设置"优点一箩筐"环节，鼓励组员发现并分享自己和他人的优点。组员们在相互肯定中更加自信。

（3）激发自制力。要求青少年表现先前觉得自己无能的行为，或经治疗者的示范，使青少年发现事实并没有他们想象的那么可怕，再逐步提升自我控制力与对事情的掌控或驾驭能力，经过试验而能面对困难，消除恐惧，进而消除不良行为。案例中社会工作者布置"勇敢者挑战"作业，组员打卡越来越积极，还会在群内分享趣闻乐事，组员的自制力在潜移默化中得到了增强。

2. 本案例中，小组工作在促进学生改变中发挥的作用如下：

（1）小组可以为青少年提供与同伴交往的机会。同伴给予的经常性的、多样的鼓励和赞许，远比成人给予的更有效。

（2）小组的过程更能刺激出大多数青少年的真实世界。因此，小组可以帮助青少年学习到新的观念、行为，并为过渡到现实生活提供良好的帮助和训练。

（3）小组规范会对规范青少年的行为起到很好的制约作用。

（4）小组能够提供很多的示范者、行为预演的协助者，小组也可以提供如实验室般模拟练习的机会，这些练习中不同性格的人相互交流和反馈，在小组内获得的经验将有助于青少年重新建立良好的人际交往和行为习惯。

（5）小组工作为青少年建立正面积极的伙伴关系提供了良好的支持，并创造了安全开放的交往环境。小组工作能够给青少年提供良好的社交活动，由此能够提升青少年的社会交往能力，改变他们与社会隔离的封闭状态。

本案例中，通过小组工作方法，增强了组员的自信和组员的自制力，使其养成了良好的学习习惯。

第二题：案例分析题

案例：

某中学恢复线下教学后，学校社会工作者发现，部分学生沉迷于网络，出现了情绪低落、疲乏无力、食欲缺乏等状况，学习成绩和身心健康受到了严重影响。

社会工作者通过预估发现这些学生平均每天上网超过 4 个小时；大部分学生对长时间上网的危害有所认识，但总是控制不住自己；与现实世界相比，网络世界对他们更有吸引力。他们性格较为内向，在学校很少参加集体活动，与同学们、老师及家人的关系都比较疏离。新冠疫情期间，由于教学活动以线上授课为主，家长对孩子使用电子产品及网络管制疏于监督和引导，学校也没有就此与家长进行有效沟通。

基于上述情况，社会工作者按照行为契约法的 5 个工作步骤开展服务：第一步，与学生共同确定目标行为，即控制上网时间；第二步，商定奖惩清单，即成功控制上网时间将获得奖励，没有控制上网时间将受到惩罚。

问题：

1. 本案例中，社会工作者在预估阶段完成了哪些任务？

2. 按照行为契约法的 5 个工作步骤，列出本案例中后续需完成的 3 个工作步骤。

【答题要点】

1. 社会工作者在预估阶段完成了下列任务。

（1）了解服务对象存在的问题，分析问题的性质、成因、程度及给服务对象带来的影响。本案例中社会工作者通过预估发现这些学生平均每天上网超过 4 个小时，主要原因是新冠疫情期间，由于教学活动以线上授课为主，家长对孩子使用电子产品及网络管制疏于监督和引导，学校也没有及时与家长进行沟通，说明社会工作者较好地完成了此项任务。

（2）了解服务对象个人的生活经历及行为特征，包括服务对象的人格特征、能力、优势和弱点。本案例中社会工作者发现服务对象性格较为内向，在学校很少参加集体活动，与同学们、老师及家人的关系都比较疏离，对长时间上网的危害有所认识，但总是控制不住自己，说明完成了此项任务。

（3）了解服务对象与环境的互动状况，以及其对自身问题的认识和改变的动力与能力。本案例中服务对象与环境的互动状况表现为"服务对象在学校很少参加集体活动"；服务对象对自身问题有一定认识，"大部分学生对长时间上网的危害有所认识，但总是控制不住自己"，说明完成了此项任务。

（4）了解服务对象所处的环境系统的状况，包括家庭、朋友、工作单位、邻里及社区的情况。本案例中社会工作者发现服务对象与同学们、老师及家人的关系都比较疏离，家长对孩子使用电子产品及网络管制疏于监督和引导，学校也没有及时与家长进行沟通，说明完成了此项任务。

2. 确定目标行为、商定奖惩清单、书写行为契约、签字承诺和填写"执行记录表"。本案例中社会工作者已完成前两个步骤，后续需完成的 3 个工作步骤如下：

第三步：书写行为契约，即双方共同一起参与，各自书写对自己行为约束的部分，完成后，讨论建立行为契约执行记录表。

第四步：签字承诺，即共同回顾并认真阅读行为契约，确认无误后郑重签字。可以通过设计一个签字仪式，如必要的签字、握手、拍照、彼此承诺与祝愿等，增强仪式感。

第五步：填写"执行记录表"即打卡表，每天一栏，完成当天的任务便可以在日期栏打一个大红钩或贴一张笑脸，在契约项目栏里填写任务完成的具体情况，彼此关注监督契约整体完成情况。

解析：

本题涵盖的知识点包括社会工作实务通用过程的预估任务、学校社会工作实务中学校社会工作的主要方法——行为契约法。社会工作预估是开展服务的基础，全面清晰地认识和了解服务对象的问题与需要，对服务对象表现出的问题给予解释，才能制订科学可行的服务介入计划。行为契约法是行为主义心理学常用的一种行为治疗技术，可操作性强，适用于对学生多种行为的矫正、提升自我管理能力及养成学习、生活好习惯。回答问题 1，需要结合预估的任务要点与题干中呈现的信息进行作答。回答问题 2，需要考生明确行为契约法的步骤。

单元3 闯关题

第一题：案例分析题

案例：

在开展学校社会工作服务过程中，社会工作者经常遇到以下困惑：有些学生有求助解决个人问题的意愿，但由于学校学习任务重、作息制度严，无法接受较长时间的个案面谈辅导；有些学生有青春期困扰、异性交往、亲子关系等私密问题需要咨询辅导，但羞于与他人进行面对面的交流。社会工作者在进行疑难复杂的个案会谈辅导时，也会出现思考不周、应对欠妥的情况。

社会工作者结合以上实际情况，将传统的个案工作服务形式进行了延伸，在面对面辅导的同时，增加了"社工信箱"的服务形式，通过设置信箱和广泛宣传，邀请学生将自己的困扰和需求写在纸上投递到信箱，社会工作者阅读信件并组织回信，给予来信求助的学生及时辅导。

问题：

1. 本案例中的"社工信箱"与传统的个案工作服务形式相比，有哪些创新点？

2. 社会工作者收到学生来信后，应采取哪些具体措施以保证服务质量？

【答题要点】

1. 作为个案工作服务形式的延伸和演化，"社工信箱"的具体创新体现在以下 3 个方面。

（1）可较好地解决学生学习压力较重、时间较紧张而导致无法长时间开展个案会谈的难题。

（2）可较好地解决学生在个案会谈中存在诸多当面无法表达的语言的难题，"社工信箱"的高度匿名性能够让学生有安全感，从而愿意自由表达。

（3）还可较好地避免个案会谈过程中学生反应及时性的障碍及社会工作者回应欠考虑的风险。

2. 社会工作者收到学生来信后，应采取以下具体措施保证服务质量。

（1）有序阅读信件。对收到的信件，社会工作者应认真阅读，进行分类整理，根据信件的轻重缓急决定回信次序。同时，要严格遵循社会工作理念和价值观，确保每次至少有两名社会工作者阅读信件，并相互监督。

（2）及时回应特殊需求。如遇到严重问题，社会工作者要及时与督导沟通，由督导组织同工讨论决定回信内容；如遇危机介入需求，也应请求督导支持，及时介入。

（3）系统性地组织回信。回信一般需要按照固定的格式要求，大致内容应包括：感谢信任，澄清来信中提到的问题和需要，深入分析问题根源，提出没有风险的建议，提出相关的期望，表达祝福和信任。如果学生来信过多，学校社会工作者应接不暇，可以链接志愿者资源。

（4）妥善保存信件。将学生投递的信件和社会工作者及志愿者的回信，通过拍照存档等方式分门别类保管封存。

（5）针对同类需求开展相应主题小组或大型活动，对个别特殊学生进行定期回访。

第二题：方案设计题

案例：

某校为落实《中华人民共和国未成年人保护法》，更好地开展学校保护工作，成立了包括社会工作者在内的学生欺凌防治工作组。社会工作者通过调查发现，有欺凌行为的学生中，不少人缺乏基本的情绪管理能力：有的不能觉察自己的情绪状态；有的不善于表达自己的情绪；有的用暴力方式释放负面情绪；有的虽知道欺凌行为不好，但无法自我控制。

在学校的支持下，社会工作者计划运用小组工作方法帮助这些学生科学管理情绪。小组总体目标为：通过提升学生情绪觉察、情绪表达和情绪管理等能力，预防和消除欺凌行为。小组活动共分为 5 节。

问题：

结合案例，完成本情绪管理小组计划的设计方案，只需列出每节活动的目标和主要内容。

【答题要点】

节次	活动目标	主要内容
第一节	热身，互相认识；了解有关情绪的基本知识	1. 热身活动。"抓虫虫"：调动组员对自身情绪的关注 2. 互相认识。"群英会"：组织"人名串串烧"等活动，让学生互相认识，加深印象 3. "你来比画我来猜"：认识人的 6 种基本情绪——快乐、悲伤、愤怒、惊讶、恐惧和厌恶 4. "身心合一"：社会工作者引导学生对这些基本情绪的生理（外显）表现进行讨论
第二节	提升情绪觉察能力：帮助学生清晰感知自己当前的情绪状态，区分自己的不同情绪；能认识和理解他人的情绪状态	1. 热身活动："拍案惊奇"——以动作和竞争带来情绪体验，以此训练组员觉察自身情绪状态的能力 2. "察言观色"——训练组员对他人情绪的觉察能力：社会工作者把印有各类情绪词的卡片只呈现给一位表演组员看。该组员不能说话或写字，只能用表情和动作来表达这种情绪，由其他组员来猜该组员表达的情绪。轮流换其他组员来表演 3. "身体语言 ABC"——训练组员对他人身体语言所表达的情绪的觉察能力：社会工作者把印有身体姿态和动作语言的照片轮流展示，请组员来识别身体语言背后的情绪
第三节	提升情绪表达能力：能使用合理和有效的方式表达自己的情绪	1. 热身活动。"蜗牛的家"：引导学生体验背负着压力、焦虑等负面情绪的感觉，鼓励学生分享；讨论这种感觉在生活中是否也存在 2. "情绪大联唱"：在背景音乐《如果感到××你就×××》中，社会工作者鼓励学生通过一边唱歌一边设计出相应的肢体动作来表达各种情绪，引导学生享受音乐的愉悦和放松 3. 情绪表达训练。"情绪大富翁"：通过在写满情绪形容词的棋盘上共玩飞行棋的方法，鼓励学生讲述自己在生活中体验到的各种情绪主题的故事，并将自己在故事中的内心情绪感受表达出来。每个学生讲述后，社会工作者引导其他学生发表感想与回应，彼此提供支持。最后分享：通过活动，你对在人际关系中自己情绪的表达有什么新的想法或认识
第四节	提升情绪管理能力：能在一定范围内有意识地调节自身情绪状态，当遭遇情绪困扰时，能安抚自己，理性宣泄、解决问题或求助他人	1. 热身活动。"乌鸦与乌龟"：引导学生体验紧张、放松和兴奋的情绪，以及它们之间的循环转换，在一张一弛之间感受情绪的起伏 2. 认知重构训练。"情绪大法官"：社会工作者在活动中引导学生明白情绪与个人信念之间的关系；帮助学生澄清不合理信念，学习理性反思，达到纠正认知偏差、改善情绪反应方式的目的 3. 放松训练。社会工作者带领学生训练掌握"渐进式肌肉放松法"和"冥想式放松法"，在训练中让学生通过控制肌肉、想象轻松情境等方式体会放松感，提升情绪自控能力 4. "头脑风暴"讨论。先不加任何评判地讨论和分享"调节和管理情绪的建设性方法"，再逐一分析和提炼有效的情绪管理方法，并讨论如何寻找对应的资源，制订出遭遇情绪问题时的解决方案

情绪管理小组计划的设计方案

节次	活动目标	主要内容
第五节	提升自我控制能力：预防和消除欺凌行为；回顾、总结与祝福	1. 热身活动。"解开千千结"：打乱拉手顺序，要求小组在手不能松开的前提下还原成开始时的圆圈，并分享：这一过程中发生了什么？怎么解决的？可以用什么方法解开生活中的结？ 2. "做自己的主人"。指导学生轮流演练运用内隐的自我教导语言五步骤："我遇到的问题是什么？我该怎么做？专心想一想，做做看！我做得怎么样？"掌握自我管理策略，提升自我管理能力 3. 角色扮演训练。"我是大明星"：分两组进行。第一组通过角色扮演的情景剧，展现和练习处理"校园欺凌行为"有关的冲突和矛盾事件，演出后一起讨论剧中主角的心情如何，其他人物的心情又如何，如果你是剧中人物，你会如何处理。再换第二组成员以该组的观点，并参考讨论结果将该剧再演一次，再次讨论前述问题，探讨两次行为方式有何不同，我会怎么做来预防和消除欺凌行为 4. 回顾与总结。"收获树"：分享自己的成长与变化。告别寄语

第三题：方案设计题

案例：

旭日东升社区位于某市的郊区，居民多是外来务工人员。由于外来务工人员每天都要出去打工赚钱，因此其无暇顾及和关心子女的学习与成长。该小区中大部分孩子在初中毕业后就不再继续读书，他们由于年龄偏小，没有什么工作技能，因此整天盘桓于社区内无所事事，平时还常常聚在一起惹是生非，破坏小区的公物，敲诈小区内年幼的孩子，甚至还与邻近小区的青年打架闹事，让居民很是头疼。

问题：

假如你是该社区的一名社会工作者，请针对这群青年拟订一份服务方案。

【答题要点】

1. 问题与需求评估

（1）青少年的组织性和纪律性较差，容易出现攻击性行为和暴力倾向，需要社会工作者帮助矫正。

（2）青少年的父母作为外来务工人员因忙于生计而对子女缺乏必要的管教和帮助，需要社会工作者帮助调整认知；父母教育水平低、缺乏必要的育儿理念和方法技巧，需要社会工作者帮助学习训练。

（3）受家庭条件的限制，大多数青少年选择不再继续读书，但又因为缺乏职业技能而无法找到合适的工作，在社区内无所事事，因此需要社会工作者帮助获得职业信息，开展职业训练。

（4）因缺乏家庭与学校的管教，这群青少年成为彼此的精神依托，所以朋辈群体的影响在他们的生活中占据主要地位，这也导致其易受一些不良群体的影响，使他们在社区内滋生事端，需要社会工作者帮助引导走上正途。

2. 目的与目标设定

（1）服务目的。协助社区内青少年树立积极的人生观与生活态度，建立健康的生活方式。

（2）服务目标。消除青少年在社区内的偏差行为；帮助促进青少年与家长之间的交流互动；帮助学龄青少年重返学校读书；帮助适龄青少年学习职业技能，为找工作做好准备；消除社区安全隐患，引导青少年参与社区服务与社区建设。

3. 介入策略

（1）直接介入。开展社会工作小组活动，为社区青少年提供朋辈支持与情绪控制的技巧，帮助他们了解偏差行为的后果，并学会控制自己的情绪和行为；在小组过程中发现有特殊需要的个案，进行个案辅导与跟进；举办职业技能培训，提供就业信息，链接就业资源，帮助有需要的青少年就业；组织社区青少年志愿者小组，引导青少年参与社区活动，在服务他人的过程中培养社会关怀和社区归属感与认同感，并提升自我效能感；定期开展亲子活动，增进亲子之间的感情。

（2）间接介入。为社区家长开展亲子教育方面的讲座，提升家长对子女管教的关注度和技能；与学校沟通，帮助学龄青少年重返学校读书；向有关部门呼吁，增加社区服务资源。

4. 介入实施

在方案执行过程中，依据服务对象的转变和需要及时调整服务方案，在与行动系统的合作中把握方向；做好资源整合工作；对突发事件进行及时处理，做好危机防御。

5. 结果评估

通过基线测量、任务完成、行为量表、家长与青少年满意程度调查等方法进行服务效果评估。

第十三章

社区社会工作

13

【本章复习提示】

　　本章主要从社区社会工作的含义出发，分析社区社会工作的特征和基本原则，社区社会工作的主要内容、方法及技巧。重点介绍社区社会工作的主要内容及主要方法。社区社会工作既是实务领域，也是重要的社会工作专业方法。在学习中，要注意社区居民参与、社区资源整合、服务对象能力提升等内容。在复习过程中，要联系儿童、青少年、老年人、残疾人等人群的社会工作内容，分析不同人群、不同需求情况下的社区工作策略，并练习应用社区工作的相关理论模型；要重点掌握社区工作的整体框架，熟练分析社区需求和资源，并能设计系统的社区工作策略。

单元 1 基础题

第一题：案例分析题

案例：

针对 D 街道老年人和儿童缺乏社区照顾的问题，社会工作服务机构与基金会联合启动了"五社联动"助力"一老一小"项目。社会工作者充分发挥资源经纪人的角色作用，通过问卷调查、入户访谈、绘制社会生态系统图和社区资源图等方式，了解老年人和儿童的需求、现存人际关系、识别社区中的服务资源。在此基础上，社会工作者动员与服务对象关系密切的亲友提供支持；将处于困境中的老年人和儿童推介给社区志愿服务队，建立长期的陪伴服务关系；培养成立社区互助会，组织有参与意愿的老年人和儿童互相认识、互相支持；定期举办社区公益资源集市，促进爱心企业、邻居与有需要的老年人及儿童对接；协助老年人、儿童掌握联系和使用服务资源的方法，定期回访了解服务对接和资源使用情况。

经过多方努力，针对"一老一小"的社区支持网络在 D 街道得以建立。

问题：

1. 社会工作者在扮演资源经纪人角色时，运用了哪些服务技巧？

2. 分析社会工作者在本案例中运用了哪些建立社区支持网络的策略？

【答题要点】

1. 资源经纪人角色的主要任务是在服务对象和其所需资源之间牵线搭桥，需要使用以下技巧。

（1）评估服务对象的需要。在本案例中，社会工作者通过问卷调查、入户访谈等方式了解老年人和儿童的需求。

（2）识别和找出相关的资源。在本案例中，社会工作者通过绘制社会生态系统图和社区资源图等方式，了解老年人和儿童的现存人际关系，识别社区中的服务资源。

（3）转介。在本案例中，社会工作者将处于困境中的老年人和儿童推介给社区志愿服务队，建立长期的陪伴服务关系。

（4）确定服务对象得到了资源并能够使用它们。在本案例中，社会工作者定期举办社区公益资源集市，促进爱心企业、邻居与有需要的老年人及儿童对接；协助老年人、儿童掌握联系和使用服务资源的方法，定期回访了解服务对接和资源使用情况。

2. 社会工作者运用了下列 4 种建立社区支持网络的策略。

（1）个人网络。

主要是针对服务对象个人的现存人际关系以及其所置身的环境内具有发展潜力的成员，如家庭成员、朋友、邻居或者其他服务的提供者（如家政服务员）等，通过建立联系和提升助人能力，来协助服务对象。具体做法：社区社会工作者集中服务对象个人现存的有联系且有支持作用的成员，动员与服务对象关系密切的重要人物提供支援，维持和扩展服务对象的社交关系和联系。

在本案例中，社会工作者"动员与服务对象关系密切的亲友提供支持"，说明运用了个人网络的策略。

（2）志愿者联系网络。

用于社区中拥有极少个人联系的服务对象，将他们与可以提供帮助的志愿者联系起来，建立"一对一"的帮助关系。具体做法：社区社会工作者寻找和动员社区内或社区外愿意成为志愿者的大学生、社区党员、辖区单位的职工，通过合理配置，让志愿者和服务对象建立联系，提供帮助和支持。

在本案例中，社会工作者"将处于困境中的老年人和儿童推介给社区志愿服务队，建立长期的陪伴服务关系；培养成立社区互助会，组织有参与意愿的老年人和儿童互相认识、互相支持"，说明运用了建立志愿者联系网络的策略。

（3）互助网络。

把面对相同问题或具有相同兴趣或能力的人聚合在一起，帮助他们建立联系，促使他们互相帮助和互相支援。具体做法：社区社会工作者为那些有共同问题、相同背景、相同兴趣的服务对象建立起朋辈支持小组或互助小组，加强同伴之间的支持，促进信息分享和经验交流，提升其解决问题的能力。

在本案例中，社会工作者"培养成立社区互助会，组织有参与意愿的老年人和儿童互相认识、互相支持；定期举办社区公益资源集市，促进爱心企业、邻居与有需要的老年人及儿童对接"，说明运用了互助网络的策略。

（4）邻里协助网络。

社区中的邻里、商店员工、物业公司职工、保洁员、保安员等在为服务对象提供支援上扮演着重要角色，并且可以用最自然、最快捷的方式，为服务对象提供支持。具体做法：社区社会工作者通过举办各种活动召集和推动邻里了解服务对象，强化邻里和服务对象之间的联系，发展互助性支持，有效淡化正规服务的烙印效果。

在本案例中，社会工作者"定期举办社区公益资源集市，促进爱心企业、邻居与有需要的老年人及儿童对接；协助老年人、儿童掌握联系和使用服务资源的方法"，说明建立了邻里协助网络。

解析：

本题涵盖的知识点包括社会工作实务通用过程的介入、社区社会工作实务中社区社会工作的主要方法——建立社区支持网络。社会工作介入是社会工作计划的具体实施，是有计划、有步骤、有目的的服务过程。当服务对象所需资源缺乏时，社会工作者要发挥资源经纪人和倡导者的角色作用，将服务对象与资源系统链接起来。以社区中有困难或有需要的人群（如案例中的老年人和儿童）为中心，建立网络化的社会支持，也是社区社会工作的主流方法。回答问题1，需要结合资源经纪人的主要任务要点与题干中呈现的信息进行作答。回答问题2，需要将案例信息和社区社会工作中建立社区网络的知识结合作答。

第二题：案例分析题

案例：

某小区门口早晚出入车辆多，常常造成交通拥堵。社区热心人士陈阿姨出面组织几位居民当志愿者进行交通疏导。但让陈阿姨没有想到的是，第一次开会的场面就非常混乱，大家七嘴八舌，有的认为志愿值勤活动应仔细安排，明确分工；有的认为值勤活动需要占用很多时间，而且还要产生一些额外费用，自己心有余而力不足；有的提出值勤万一出了事情怎么办，应当购买保险……在随后的交通疏导过程中，也出现了不少问题，甚至还出现志愿者与居民发生冲突的情况。陈阿姨为此头疼不已，不知如何是好，于是找到了社会工作者。

问题：

1. 从参与能力的角度来看，列出本案例中影响居民参与志愿服务的主要因素。

2. 为推动该社区志愿服务发展，社会工作者应开展哪些工作？

【答题要点】

1. 从参与能力的角度来看，本案例中影响居民参与志愿服务的主要因素如下：

（1）时间和金钱。社区居民参与是要付出代价的，例如，"有的认为值勤活动需要占用很多时间，而且还要产生一些额外费用，自己心有余而力不足"，所以居民是否有能力付出这些时间和金钱会影响其参与行为。

（2）知识与技巧。参与各种会议需要具备有关开会的知识和参与讨论的技巧，如果社区居民没有参与经验，又缺乏组织技巧、决策的相关知识等，就会妨碍其参与社区事务。例如，"陈阿姨没有想到的是，第一次开会的场面就非常混乱，大家七嘴八舌"。

2. 为推动该社区志愿服务发展，社会工作者可以开展以下工作。

（1）策划社区志愿服务项目，带领志愿者开展服务。社会工作者应该参与设计解决社区交通拥堵治理等志愿服务项目，并带领志愿者开展服务。

（2）发掘培养志愿者骨干，培育扶持社区志愿服务组织。社会工作者应充分发挥社区居民陈阿姨等热心人士的作用，培养骨干力量，形成社会工作者带动志愿者骨干、志愿者骨干带动普通志愿者的工作模式，积极推动志愿者团队结构化，引导志愿者自发成立社区志愿服务组织，并在发展中予以多方位的支持。

（3）组织开展志愿者培训，提升服务水平。社会工作者应该根据志愿服务的需要，对志愿者开展服务态度、服务技能等多方面的培训，引导志愿者提高服务质量、提升服务水平。

（4）做好志愿者管理，推动志愿服务事业持续发展。社会工作者可以通过设立灵活多样的表彰奖项，开展社区志愿服务评比，使志愿者的服务行为及时得到社会肯定，激发志愿者的服务动机。还可以采用"时间银行"等有效形式，使志愿者在自身需要帮助时能够得到社会的回报。社会工作者要积极创造条件，为志愿者就业、兼职、贡献才智提供广阔的空间，切实维护社区志愿者的合法权益。

单元 2　提高题

第一题：案例分析题

案例：

因相邻市场发现了某传染病确诊患者，某社区被划定为高风险地区，紧急实施封闭式管理。

在该社区封闭式管理期间，有的残疾人暂时中断了康复治疗；有的独居老人日常生活受到严重影响，亲友也无法上门照顾；有的孩子因对病毒产生恐惧，无法正常学习和生活；部分辖区居民因生活诸多不便而情绪激动，甚至提出一些不合理的要求。

为了解决上述问题，社会工作者在社区党组织的领导下，积极发挥专业优势，推动多方联动，参与抗疫行动。社会工作者利用社区资源图和社区组织机构名录，动员社区商户为居民调配急需的生活用品；社会工作者认真分析社区各方力量的特点，创造机会，推动驻社区单位代表、社区社会组织代表和社区志愿者等为社区特殊人群提供服务。在此过程中，社会工作者尤其注重动员和培育社区居民骨干积极参与上述各项服务。

问题：

1. 社会工作者可以为该社区提供哪些服务？

2. 在本案例中，社会工作者从哪几个方面推动了多方联动？

【答题要点】

1. 社会工作者可以提供下列服务。

（1）统筹社区照顾：①为老年人特别是留守、空巢、失独、病残、失能、高龄老年人提供生活照顾、精神慰藉服务；②为残疾人提供社区康复服务；③为儿童、青少年提供学业辅导、情感关怀服务；④为需要帮助的辖区居民提供情绪疏导、资源链接服务。

（2）扩大社区参与：①通过线上建群、线下入户等方式快速开展居民需求调查；②协助社区党组织、居委会，动员社区社会组织、社区骨干、志愿者、商户参与疫情紧急服务行动；③促进组织间、居民间针对社区紧急困难任务的有效协商；④重点开展为老为残、心理疏导、生活保障等社区志愿服务项目，满足社区封闭式管理期间的多元化需求，保障社区正常运转。

（3）促进社区融合：①充分利用现有社区组织自治、资源等优势，发挥协调整合角色功能，为居民需求满足、社区问题解决贡献人力、物力、财力等资源；②组织邻里互助、自助服务活动，提高社区融合程度；③及时处理调解社区居民矛盾，做好各方沟通协调工作。

2. 在本案例中，社会工作者推动多方联动主要表现在如下方面。

（1）社会工作者心目中要有"一台账"。在社区党组织的领导和社区自治组织的指导和支持下，社会工作者要全面梳理社区内各类组织机构、各方力量的基本情况、运行情况以及参与社区服务和社区建设情况，做到心中有数、手中有账，这是多方联动的一项基础工作。在本案例中，社会工作者通过社区资源图、社区组织机构名录等，系统梳理社区内外的相关组织机构，认真分析社区各方力量的特点，做到心中有数、手中有账。

（2）社会工作者在工作中要有"一盘棋"。社会工作者要在服务中树立全局意识，为社区内各类组织机构、各方力量创造更多参与的机会，力求实现社区、相关组织机构、社区居民多方参与、互利共赢，使得多方联动具有更高的互惠性、可持续性。在本案例中，社会工作者积极发挥专业优势，创造机会，推动驻社区单位代表、社区社会组织代表和社区志愿者等为社区特殊人群提供服务，实现多方联动参与抗疫行动。

（3）社会工作者在服务时要有"一条线"。社会工作者要抓住社区参与这条主线，通过培养社区居民骨干、培育社区社会组织等途径，着力增强社区参与意识，促进参与行动，将社区居民的主动参与和社区其他组织机构协同配合联系起来，构建多方联动的社区社会工作服务机制。在本案例中，社会工作者在协调整合资源、多方联动抗疫的过程中，尤其注重动员和培育社区居民骨干积极参与服务，有力地提升了居民的自助互助、社区参与水平。

第二题：案例分析题

案例：

D 社区没有物业服务单位，长期存在环境脏、乱、差的问题。为此，社区居委会委托某社会工作服务机构推动居民成立"物业自我管理委员会"。

社会工作者开展了社区分析：经过深入社区观察发现，D 社区地处市中心，住房和基础设施年久失修，居住的主要是低收入家庭、空巢老人和流动人口，属于典型的老旧小区；通过查阅资料进一步分析了社区的历史、人口结构和社区资源等基本情况。

社会工作者通过访问居民了解到，D 社区还存在居民的社区参与热情不够、水平不高、缺少骨干、没有成熟的社区社会组织、社区协商活动一直组织不起来等社区内共同性问题。

问题：

1. 在本案例中，社会工作者还需要开展哪些社区分析工作？

2. 从扩大社区参与的角度来看，本案例中社会工作者应当从哪些方面开展服务？

【答题要点】

1. 在本案例中，社会工作者已经完成了社区类型分析、社区基本情况分析、社区内共同性问题分析和社区居民感觉性需求分析。此外，还需开展的社区分析工作包括：

（1）社区内群体性问题分析。尤其是社区内低收入家庭、空巢老人和流动人口等群体。分析角度包括：该人口群体的共同属性是什么，人口分布和数量如何？群体存在的问题是什么？政府是否有相关政策扶持，内容如何？民间和社区组织是否提供服务，内容如何？

（2）社区居民需求分析。包括：表达型需求、规范型需求、比较型需求。了解社区居民的需求是开展社区服务的起点和基础。社会工作者需要通过走访、面谈、咨询等方式去了解社区的需求；通过与社区居民的交谈，可以了解 D 社区居民的感觉型需求；通过与居委会、街道办等自治组织和相关职能部门负责人交谈，可以了解 D 社区居民的表达型需求；通过查阅政策文件、咨询相关领域的专业人员，可以了解 D 社区的规范型需求；通过走访观察其他社区，并与其他社区居民交谈，可以分析 D 社区居民的比较型需求。

（3）社区优势和劣势分析。使用 SWOT 矩阵分析法，分析社区内部的优势、劣势以及外部的机会和风险，对社区的内外部条件进行综合和概括。

2. 从扩大社区参与的角度，本案例中的社会工作者应当从以下 5 个方面开展服务。

（1）参与社区需求调查与社区服务项目。社会工作者应结合 D 社区没有物业服务单位，长期存在环境脏、乱、差问题的实际情况，以社区分工协调、合力服务为方向，以推动居民成立"物业自我管理委员会"实现自助、互助服务为目标，针对社区居民开展需求调查，在认真分析需求的基础上，积极参与社区服务项目和活动的策划、执行和评估。

（2）促进社区协商。社会工作者应以"有事多协商、遇事多协商、做事多协商"为手段，以维护社区居民切身利益为原则，以健全充满活力的基层群众自治组织的工作机制为目标，协助扩大和拓宽协商范围和渠道，丰富协商内容和形式。在此基础上积极运用多种方法动员社区居民参与社区协商，运用专业知识帮助社区居民掌握并有效运用协商方法。

（3）提高社区居民参与水平。社会工作者还应以提高社区居民参与水平为方向，以居民的主观参与意愿为基础，提升居民的参与动力。一方面要提升居民对社区公共事务的关注度，培养社区居民的参与意愿，发挥专业优势，开展形式多样的服务，提升社区居民参与能力；另一方面要与社区党组织、社区居民自治组织一起，拓展参与空间，形成良好的参与机制。

（4）培育社区社会组织和社区骨干。社会工作者要充分掌握社区社会组织的状况，以发掘社区骨干为基础，以培育社区社会组织为抓手，以服务社区居民为目标。一方面积极引导现有社区社会组织发展；另一方面根据需求加大社区社会组织培育力度。发掘社区党员、能人等社区骨干力量，重点培育社会事务类社区社会组织，优化发展文体活动类社区社会组织，鼓励发展居民自治类社区社会组织，规范发展志愿公益类社区社会组织，促进各类社区社会组织的全面发展。

（5）组织社区志愿服务项目。社会工作者要充分发挥社区居民的作用，以自愿参与、服务社区为方向，以低收入家庭、空巢老人和流动人口为重点群体，以社区志愿服务组织为依托，重点开展环境卫生、社区文化等服务项目。积极培育社区志愿者队伍和组织，整合社区志愿者资源，倡导社区志愿服务精神，通过组织社区志愿服务项目形成良好的社区志愿服务氛围。

单元 3 闯关题

第一题：案例分析题

案例：

某社区有历史悠久的民俗文化，社区内拥有各类活动场所和服务器材，每年有一定的社会服务经费；社区居民骨干、志愿者人数较多；辖区内有多家社会组织和便民服务商。然而，该社区的服务效率低下、质量较差，社区活动形式单一，难以满足居民日益多元的服务需求。

针对上述情况，社会工作服务机构受街道办事处委托，邀请了社区居民委员会成员、社区社会组织骨干和志愿者一起分析各自的优势、局限和角色差别，澄清了对社区服务的认识，达到了共同的目标，明确了各自职责，建立了信息收集与共享制度、联席会议制度和服务联办制度，在该社区逐步形成了社区居民委员会、社会工作服务机构和社区社会组织分工合作的联动机制，社区服务效率和质量有了大幅提升。

问题：

1. 列出该社区自身拥有的资源。

2. 本案例中，社会工作服务机构协调该社区各类服务资源时把握了哪些原则？

【答题要点】

1. 社区资源包括社区的人力、物力、财力、组织和文化等资源。本案例中，该社区自身拥有的资源包括以下几个方面。

（1）人力资源：社区居民骨干、志愿者人数较多。

（2）物力资源：社区内拥有各类活动场所和服务器材。

（3）财力资源：每年有一定的社会服务经费。

（4）组织资源：辖区内有多家社会组织和便民服务商。

（5）文化资源：社区有历史悠久的民俗文化。

2. 本案例中，社会工作服务机构协调该社区各类服务资源时，把握了资源整合、资源流通原则。

（1）资源整合。资源整合强调的是社区内各类组织在强调社会分工的同时，通过整合既有资源和争取更多资源，形成功能上的互补与依赖，达到共同的目标。案例中社会工作服务机构受街道办事处委托，邀请了社区居民委员会成员、社区社会组织骨干和志愿者一起分析各自的优势、局限和角色差别，澄清了对社区服务的认识，达到了共同的目标。

（2）资源流通。资源流通是指在社区服务过程中，社区社会工作者根据资源的不同特征配置资源，采取组织、培训、咨询、合作等不同方法进行弹性使用，以保障资源能够被有效地协调和使用，发挥资源的最大效益。本案例中，社会工作服务机构协助各方明确了各自职责，建立了信息收集与共享制度、联席会议制度和服务联办制度，共同解决社区问题。

第二题：方案设计题

案例：

某发展滞后村被政府纳入易地扶贫搬迁规划，村民们被安置到县城的 A 社区。A 社区有多家社区社会组织和多支志愿者队伍，社区党员也比较活跃。然而，搬迁一年后，有些村民依然不适应新的社区生活。一些老年村民表示，原来的老邻居被拆散了，感觉身边没有人可以交流。部分年轻村民到企业上班后，孩子放学回家无人照顾，家长们向社区多次反映，希望解决这个问题。与其他安置社区相比，A 社区缺少专门为安置村民组织的社区文化活动。某社会工作服务机构在评估服务需求时，也发现这些村民缺乏城市生活适应能力。

问题：

设计一份社区支持网络建设方案，只需列出搬迁村民的服务需求（感觉型需求、表达型需求、规范型需求和比较型需求）、服务总目标与介入策略。

【答题要点】

1. 搬迁村民的服务需求如下：

（1）人际交往的需求。这是感觉型需求，是居民感受到并用言语表达出来的需求。本案例中，一些老年村民表示，原来的老邻居被拆散了，感觉身边没有人可以交流。这说明该社区居民具有人际交往的需求。

（2）儿童托管的需求。这是表达型需求，是居民把自身感受通过行动表达出来的需求。案例中表现为部分年轻村民到企业上班后，孩子放学回家无人照顾，家长们向社区多次反映，希望解决这个问题。

（3）村民城市生活适应能力提升的需求。这是规范型需求，是由专家学者、专业人士、政府官员评估而决定的需求。案例中表现为某社会工作服务机构在评估时发现有些村民缺乏城市生活适应能力。

（4）参加社区文化活动的需求。这是比较型需求，是居民将所得到的服务与其他类似社区进行比较而认为有所差别的需求。案例中表现为与其他安置社区相比，A社区缺少专门为安置村民组织的社区文化活动。

2. 服务总目标

建立、强化和维系服务对象的社会支持网络。通过链接资源、社区活动、志愿服务等社区参与活动丰富搬迁村民的日常文化生活，回应村民的情感诉求，解决实际生活困难，提升其社区适应能力和人际交往能力，构建社区支持网络。

3. 建立社区支持网络的策略

（1）个人网络，动员搬迁村民现有的、有联系的且有支持作用的成员提供支援，维持和扩展搬迁村民的社交关系和联系。

（2）志愿者联系网络，社会工作者寻找和动员社区内或社区外愿意成为志愿者的社区党员、学生、职工等社区原居民，通过合理配置，让志愿者和搬迁村民建立联系，提供帮助和支持。

（3）互助网络，为那些有共同问题、相同背景和兴趣的搬迁村民建立起朋辈支持小组或互助小组，加强同伴之间的支持，促进信息分享和经验交流，提升其解决问题的能力。

（4）邻里协助网络，通过开展各种活动召集和推动邻里等社区原居民了解搬迁村民，强化他们之间的联系，发展互助性支持，有效降低正规服务的烙印效果。

第三题：方案设计题

案例：

某社会工作服务机构进驻发展滞后村，开展对口帮扶。社会工作者经过深入调查发现，当地的生产生活基础条件较几年前有了很大改善，不仅实现了通路、通水、通电、通网络，而且相关金融机构也给了特惠政策。然而还有部分村民仍然种植经济效益低的传统农作物，不愿加入经济合作社，也不愿申请特惠贷款，生活依然困难。究其原因，一是长期"没米送米，没油送油，逢年过节送点钱"的"输血式"物质帮扶使部分村民产生了依赖思想；二是一些扶贫工作人员认为村民学历低，干什么都不行，经常对村民采取命令式工作方法，导致村民缺乏自信，存在无力感。

针对上述情况，该社会工作服务机构计划在当地开展"扶志增能农村精准扶贫项目"。

问题：

依据增能理论，分别从"个人层次、人际层次、环境层次"3个方面设计一份项目方案，只需列出理论要点、主要目标、实施策略。

【答题要点】

	理论要点	主要目标	实施策略
个人层次	指个人感觉有能力去影响或解决问题	提升村民自我改变的能力和自我效能感	1. 开展扶贫宣传教育，提升村民的自我效能感，促进其自我意识的发展 2. 开展技能培训，提升村民自我改变的能力
人际层次	指个人与他人合作促成问题解决的经验	增强村民合作意识，促使建立村民间自助互助关系	1. 开展宣传动员活动，营造合作氛围，增强合作意识 2. 开展村民自助互助小组，增强凝聚力、向心力
环境层次	指能够改变那些不利于实现自助的制度和规则	调整扶贫工作方法，改善扶贫发展环境	加强政策倡导环境建设，推动村民为自己发声，引导政府与村民的有效协商沟通，对不利于扶贫发展的环境进行改造

第十四章

医务社会工作

14

【本章复习提示】

本章主要介绍了医务社会工作的概念、作用、特点、理念以及医务社会工作的主要内容，如公共卫生领域、慢性疾病和长期照护、妇女儿童医务、急诊室、肿瘤科等不同科室的医务社会工作实务和主要方法。医务社会工作涉及医院内外，因此还需要社区等院外机构的配合。复习时需要记忆医务社会工作的概念、特点等基础理论知识，针对不同疾病类型和科室，分析患者及其家属的需求，模拟设计社会工作方案。

单元1 基础题

第一题：案例分析题

案例：

某妇幼保健院医学水平比普通医院的医学水平高，越来越多的孕妇前往就医。这些孕妇大多数是 20 世纪八九十年代出生的独生女，因娇生惯养养成强烈的依赖个性，她们及其丈夫对孕育知识都缺乏了解，但对胎儿情况极度关注，遇到一些小事就非常紧张，动辄向保健院的专家咨询，可是专家没有足够的时间来调节孕妇情绪和解答所有困惑。前来就诊的孕妇们希望有专家可以随时咨询，保健院希望能找到两全其美的方法来解决此问题。因此，医生找到了医务社会工作者，希望医务社会工作者能够为孕妇们提供服务。

问题：

1. 孕妇在妊娠期间主要面临哪些问题？

2. 针对上述案例中的情况，医务社会工作者介入的目标是什么？

3. 针对上述案例中孕妇面临的问题，医务社会工作者有哪些介入策略？

【答题要点】

1. 妊娠期孕妇通常面临的问题有：

（1）妊娠反应问题与自我保健问题。孕妇在怀孕早期容易发生不同程度的孕吐，孕吐程度与心理状况有关联。孕妇需要注意调整心理状态，减小发生剧烈孕吐和其他反应的可能性。在 10 个月的孕期生活中，许多孕妇知道需要注意孕期自我保健，但是又不知从何做起。

（2）家庭关系问题。孕妇由于身体的变化，活动能力与孕前不同，家庭劳务分工可能需要调整。另外，孕期可能会伴有情绪起伏，需要丈夫、父母等家人给予较多关注。

（3）产前心理问题。许多孕妇由于对怀孕没有科学的认识，在怀孕早期往往过分担心自己的身体能否胜任孕育胎儿的任务、胎儿是否正常，再加上对将来生活可能茫然无知，对照料婴儿、住房分配、经济能力等问题的担心，导致心理上的高度紧张，越是临产越是心中忐忑不安，充满恐惧感。

2. 针对上述案例中的情况，医务社会工作者介入的目标有：

（1）帮助孕妇及其家人了解孕育相关知识。

（2）缓解孕妇产前紧张情绪。

（3）培养夫妻科学的育儿态度。

3. 针对上述案例中孕妇面临的问题，医务社会工作者主要的介入策略有：

（1）个案工作。经医生转介或服务对象主动求助，为有需要的孕妇开展个案服务；开通孕妇热线，招募妇产科专家志愿服务，随时为孕妇提供疑难解答服务。

（2）小组支持。例如组织孕妇支持小组、孕期夫妇联谊活动，增进交流，促进孕育知识、经验的交流和分享，帮助孕妇放松心情。

（3）开展准爸爸学堂。通过开展准爸爸学堂，丈夫参与孕育子女的过程，学习孕育知识，起到关心照顾孕妇、分担孕妇的不适的作用，使孕妇的心理活动保持在最佳状态，也能增进夫妻关系。

（4）孕育知识讲座。联系产科专家，为孕妇及其家人开展知识讲座，解答她们的问题，帮助孕妇舒缓紧张的心理，平静面对孕期的生理和心理变化，顺利度过孕期；同时，学习育儿技巧，为将来的生活变化做好准备。

第二题：案例分析题

案例：

某基金会为患有先天性心脏病的困境家庭儿童提供手术资金的支持，并指定医院实施手术。在患儿住院期间，大多数家长对患儿术后的康复以及以后的升学、就业心存忧虑，心理压力很大。

针对上述情况，该医院社会工作部安排某社会工作专业实习生拟订一份"患儿家长互助小组"活动方案，以协助家长更好地应对压力。

"患儿家长互助小组"第三次活动方案的初稿如下：

目　标	具体内容和过程
自我减压的方法与技巧	1. 暖身活动 2. 对上次小组活动内容进行回顾 3. 小组成员两两分组，讨论压力给生活带来的负面影响 4. 观看介绍先天性心脏病患儿护理知识的录像片，传授家长护理患儿的知识 5. 通过角色扮演，模拟在家庭中照顾患儿的场景，告知其照顾患儿需要夫妻协同合作、共同完成 6. 回顾本次小组活动内容，布置家庭作业

问题：

1. 根据该次活动的目标，指出该方案具体内容和过程中存在的问题，并说明理由。

2. 完善"患儿家长互助小组"第三次活动方案。

【答题要点】

1. 根据该次活动的目标，该方案具体内容和过程中存在的主要问题是活动内容与活动目标不一致，活动内容和目标之间应该具有逻辑关系。本次活动的目标是自我减压的方法与技巧，然而活动的具体内容和过程显示是照顾患儿的基本常识，偏离了本次活动的目标。

2. 完善方案如下：

目　标	具体内容和过程
自我减压的方法与技巧	1. 暖身活动 2. 对上次小组活动内容进行回顾 3. 邀请专家，具体指导患儿家长学习和掌握自我减压的方法与技巧 4. 请术后成功融入社会的患儿家长现身说法，介绍成功经验 5. 观看有关患儿手术成功后康复及以后升学、就业的录像 6. 就如何更好地减压这个话题相互讨论，如家庭成员的支持和参与 7. 回顾本次小组活动内容，布置家庭作业

单元 2 提高题

第一题：案例分析题

案例：

小安，男，26 岁，大学三年级时因精神疾病退学。退学后，小安在精神卫生中心接受 4 周治疗后出院。小安患病后，母亲提前退休全身心地照顾他，但是小安的某些社会机能仍然在慢慢退化。朋友和同学也开始疏远他，有些居民因偏见而对他指指点点，这让原本就内向的小安备受情绪困扰，更加沉默寡言，越来越没有自信，整天都不出门。小安觉得服药有副作用所以偷偷藏药、减药。社区也没有相应的康复机构。没过多久，小安的精神疾病再次发作。小安在 3 年内多次出入精神卫生中心，无奈之下，父母将其送入精神病院。

一年后，小安的病情稳定，经诊断可以出院。他想回家，想接触社会、交朋友，想学点技能从事些简单的工作。父母为了让他更好地康复，准备搬到一个环境幽静、能提供康复和职业训练的社区居住。自从小安患病以来，父母一直压力很大、非常焦虑，对照料好小安既没有信心也不懂技巧，非常希望有专业人士提供帮助。医院的社会工作者准备为小安出院回归社区提供服务，并联络了社区中的社会工作者。

问题：

1. 从社会支持来源看，小安康复的哪些支持存在不足？

2. 小安及其家人的需要分别是什么？

3. 整合小安及其家人的需要，基于医务社会工作的思路，写出"出院计划"的内容。

【答题要点】

1. 社会支持网络分为正式支持网络和非正式支持网络，对小安的康复需要，存在如下的支持不足。

（1）非正式支持网络：

①家庭。小安的母亲虽然提前退休，全身心地照顾小安，但是父母仍觉得压力很大，对照顾小安既没有信心也不懂技巧。

②亲友与邻里。小安的朋友和同学开始疏远他，有些居民也因偏见对他指指点点，没有给予小安关怀。

（2）正式支持网络：小安所在的社区内没有相应的康复机构，缺少专业支持，也没有疏导小安情绪和资源链接的平台。

2. 小安及其家人的需要如下。

（1）小安的需要：

①治疗康复的需要。家人和相关人员应该及时发现小安的变化和需要，采取积极的治疗方式，使之早日康复，不留后遗症。

②康复环境的需要。环境对精神病患者的康复尤为重要，应该给小安营造一个平静、无歧视、无压力的生活圈。

③职业发展和社会交往的需要。精神病患者康复后需要重返社会，需要及时就业，

也需要与外界沟通和交流。小安也表达了接触社会、交朋友、学点技能从事些简单工作的想法。

④接受教育的需要。小安在大学三年级时退学，没有完成学业，因此需要进一步接受教育，学习更多知识，培养必要的技能。

⑤包容理解和关爱的需要。应以平等、包容和友爱的态度对待小安，使小安获得更多的理解和帮助，以及家人、邻里、社会的关爱。

（2）小安家人的需要：

①心理减压和技能教育。应该向小安父母提供正确、专业的相关知识，帮助他们调整好心态，缓解其紧张情绪和压力，使其从容面对困难。

②家庭支持和互助小组。家庭支持由不同的家属组成，共同分担照顾患者的责任。互助小组则是将有相同需要的家庭组织起来，建立相互之间的联系和交流机制，在小组内互相帮助，共同面对问题、解决问题。

3. 出院计划包括进一步治疗和康复计划，计划的内容包括作息时间、治疗时间、散步和锻炼身体时间等。为保证小安的病彻底康复，特制订出院后为期一年的康复计划。具体如下。

（1）日常计划。主要以周为单位，合理安排出院后在社区和家庭中每天的休息、康复、娱乐、学习和社会交往等活动的具体内容和时间。

（2）康复训练计划。针对日常工作安排制订康复训练计划，包括康复训练的目标、内容、训练频率、辅助单位及器具等。另外，小安的病情稳定后，社会工作者可进一步安排一些简单的社区服务工作，增强小安康复的信心。同时，为小安父母提供精神疾病知识辅导。

（3）社区康复计划。小安的病情治疗和康复需要社区配合，尤其是在满足小安交友需要、职业需要等方面，社区、社会工作事务所等机构能提供必要的支持与帮助。同时，小安父母作为患者家属，需要相关机构帮助减轻照顾压力、提供精神疾病知识辅导、情绪和社会支持等。在社区居民间营造接纳精神病患者的氛围，普及精神健康知识，展开社区宣传。

第二题：案例分析题

案例：

李华是某高中三年级学生，学习成绩优异。李华年幼时，父母因车祸去世，其从小和奶奶相依为命。在高中毕业前的一次体检中，李华被检查出患了急性乙肝。因此，李华被班主任送往医院接受治疗。住院期间，李华始终愁眉苦脸、沉默寡言，对医生的治疗也不配合，多次从医院逃出来，但最终被班主任劝回医院接受治疗。随着治疗的进行，医疗费用也越来越多，李华陷入两难的境地。一方面知道自己家境困难，治疗费用昂贵，年迈体弱的奶奶无力支付，但是，如果此时不继续治疗，自己的病情就会恶化；另一方面李华也担心自己的学习会落下。李华曾想自杀，但被来看望的同学发现并及时制止了，同学向医务社会工作者求助，希望其能为李华提供服务。

问题：

1. 上述案例中，李华主要面临哪些困境？
2. 作为医务社会工作者，可以采取哪些策略帮助李华摆脱目前的困境？

【答题要点】

1. 上述案例中，李华面临的困境主要是他的心理恐慌，面临巨大压力，产生焦虑、抑郁、恐惧等剧烈情绪变化。以下主要从生理、心理、社会3个方面来分析。

（1）生理方面。李华患了急性乙肝，身体状况欠佳。

（2）心理方面。李华担心自己的病情会拖累年迈体弱的奶奶，存在自杀倾向；心情低落，焦躁不安，担心病情恶化；觉得未来渺茫，对生活没有信心；学习被耽误，高考在即，担心会落榜。

（3）社会方面。李华家庭经济水平有限，年迈体弱的奶奶无法负担昂贵的治疗费用；缺乏必要的人际互动，社会支持系统弱。

2. 为帮助李华摆脱目前的困境，医务社会工作者可以采取的介入策略主要有：

（1）个案工作。通过危机介入，为李华提供心理辅导。李华因为身患急性乙肝，担心巨额的治疗费用会拖累年迈体弱的奶奶，曾想自杀。这需要医务社会工作者进行危机介入，帮助他缓解情绪困扰，正视疾病带来的问题和挑战，增强面对生活的勇气和信心。同时，医务社会工作者可以协助家庭获取基本生活物资，帮助李华申请经济援助。医务社会工作者可以联系相关机构提供基本生活支持并联系相应的社会资源，帮助李华和奶奶申请经济援助，缓解家庭困难的现状，避免因医药费而耽误治疗时机。

（2）朋辈群体的支持。组织学校的志愿者、同学帮助照顾李华，通过定时和李华谈心，让李华了解学校发生的事情，使其病后的生活丰富一点。另外，可以让同学定时来给李华补课，避免李华过度担心学习。

（3）请主治医生鼓励李华多和他人交流。李华情绪低落，不与其他人交流，这会影响治疗。对此，医务社会工作者可以请主治医生与李华沟通，鼓励李华在身体条件允许的情况下多走动，与病友交流，积极参加医院组织的活动，通过人际互动增强社会支持网络。

单元 3　闯关题

第一题：案例分析题

案例：

王奶奶，60岁，未婚，没上过学，以捡垃圾为生，患有风湿性关节炎数十年，关节畸形、肿大，行走困难。一次，王奶奶在捡垃圾的时候被撞，右腿截肢，生活基本不能自理。虽然现实如此残酷，但是王奶奶身残志坚、自立自强，截肢以后就在家做一些编织活，但是收入微薄，现在每月主要靠当地政府部门的补助生活，经济状况窘迫。王奶奶患病以来与弟弟和弟妹同住，家庭关系非常和谐。不幸的是，弟妹在不久前查出患了癌症，手术后身体很虚弱，也难以照顾王奶奶。王奶奶弟弟的身体状况不好，侄子也在外地，三位老人的居住条件和生活条件都非常差，他们挤在一间狭小的屋子里，终日难见阳光，房内没有自来水、上下水道和卫生间等设施，院子里有一根公用的自来水管，厕所也在外面。王奶奶由于行动不便，大小便只能在家中完成。无助的王奶奶向医务社会工作者求助，希望可以获得帮助。

问题：

1. 医务社会工作有哪些特点？

2. 上述案例中，王奶奶面临哪些困境？

3. 针对王奶奶的情况，医务社会工作者可以提供哪些服务？

【答题要点】

1. 医务社会工作的特点包括：

（1）服务领域广泛。在疾病预防方面，由于人口全球流动性的增加，疾病预防具有从全球卫生视角出发，关注人口健康、优生优育和公共卫生等取向；在疾病治疗阶段，各种矛盾和问题集中体现，此阶段包含医疗救助、紧急医疗救援、医院体系建设、医疗质量和流程的关注及心理行为问题；在回归康复阶段，除了涉及生物医学领域的康复，还涉及心理康复和社会行为功能康复；家庭健康、社区健康和人群健康是医务社会工作的第四阶段，也是社会稳定、安居乐业的保障。

（2）社会需求宏大。医务社会工作领域与医疗保障制度、国家卫生政策和体系建设密切相关，社会工作的职能是将社会福利与社会公平的价值观念和价值理念引入医疗服务领域。罹患疾病往往伴随心理失衡，社会支持需求增加，家庭支持系统需要加强。社会工作的职能是传递社会关爱，将人文关怀、权利的概念引入临床医疗服务过程中。但由于医疗资源不平衡，医患双方缺乏有效的沟通机制，医患矛盾凸显。因此，社会工作者在维护患者权益的同时，主持社会正义，承担了修复医患关系的职责。

（3）遵从证据为本。医务社会工作者实践于医疗健康领域，必须具备相应的医疗基础知识，熟悉相关福利政策和医疗流程，提供最恰当的服务。医疗机构强调团队合作，社会工作融入医疗服务团队中才能发挥应有的效果，将"以病人为中心"的思维融入医疗品质导向中才具有生命力。

2. 上述案例中，王奶奶面临的困境有：

（1）王奶奶需要进行住房的调换或者对现有住房进行家装改造。

（2）由于王奶奶及其亲属经济较困难，需要筹集改造房屋的资金。

（3）王奶奶一家三位老人的身体状况不好，有疾病在身，缺乏足够的关怀和照顾。

3. 针对王奶奶的情况，医务社会工作者可以提供的服务包括：

（1）联系社区卫生服务中心，为王奶奶的弟弟和弟妹提供一定的日间服务和医疗照顾。

（2）为王奶奶提供康复医疗方面的照顾，会同医生和护士为王奶奶提供治疗方面的服务。

（3）为王奶奶寻求社会支持网络，整合社区和社会资源，对王奶奶居住的房屋进行无障碍改造，或者更换房屋。

（4）联系相关的社会机构或组织，为王奶奶筹集资金，解决其生活和经济上的困难。

第二题：方案设计题

案例：

刘某，46岁，在某市工地上打零工，妻子和儿子在一家超市工作。一家人收入不高，生活过得平平淡淡，但他们也很知足。后来刘某在工作中经常伴随轻微乏力、发热等不适症状，碍于工作原因，刘某没有及时到医院检查。然而不久前，刘某又出现腹泻、腹痛、右肩酸痛等加重症状，在家人劝说下，才同意妻子陪同他到该市重点医院检查，没有想到刘某已经是癌症晚期，还有 2 个月的存活时间。刘某一直不能接受自己的病情，经常乱发脾气，摔坏家具，多次偷偷流泪大哭。刘某的病对其家庭是一个沉重打击，一家人陷入悲伤境地，情绪低落，失去了生活的方向。

问题：

假如你是医务社会工作者，请设计一份为刘某及其家庭提供临终关怀服务的方案。

【答题要点】

1. 问题陈述与分析

临终关怀是指向临终服务对象及其家属提供一种积极、全面的照料，以控制疼痛、缓解其他相关生理症状以及解除心理、社会与精神层面的痛苦为重点，强调通过保守性的治疗和支持性的照顾，尽可能地使服务对象能够有尊严、无痛苦、安宁、舒适地走完人生的最后旅程。同时，通过向临终服务对象亲属提供支持与哀伤辅导，其身心健康得到维护和增强。

刘某是癌症晚期患者，面临生理、心理方面的多重压力，其家属也在心理、生理、精神和经济方面承受着巨大的压力。在死亡和濒临死亡阶段，癌症患者要承受身心方面的双重痛苦。医务社会工作者要了解临终者可能会有的恐惧、绝望、压抑等心理反应，了解临终者对于治疗的愿望，进而提供临终关怀服务，使癌症患者能有尊严地离世。社会工作者还要协助癌症患者及其家属处理好医疗与后事安排、家属支持等方面的事宜。

2. 方案设计

对癌症患者及其家属的社会工作方法主要是情绪疏导与心理支持、建立良好稳定的沟通关系、经济与资源的整合协助、整合生命意义与心愿达成以及哀伤辅导等。根据患者刘某及其家属的需要，为刘某及其家属设计包括生理、心理、社会和信仰等方面的临终关怀服务方案，具体如下。

（1）方案目标：

①满足刘某生理和心理上的需要，减少他对死亡的恐惧。

②缓解刘某身体上的疼痛，减轻他的痛苦。

③保证刘某及其家庭的最佳生活，让刘某有尊严地走完生命的最后阶段。

④为刘某家属提供在刘某重病期间以及生命终结后陷入哀伤的各种支持。

（2）方案实施策略：

①为刘某及其家属提供缓和性照顾和支持性照顾。

②照顾方式是由医生、护士、社会工作者以及受过训练的护工和家属组成的团队提供服务。

③照顾地点可以是在家里也可以是在医院。

④照顾初期以治疗性照顾为主，后期以缓和性照顾为主，去世后延伸为对其家属的照顾，最大限度地协助患者及其家属适应其面临的困境。

（3）方案执行：

①利用社会资源为患者刘某及其家属提供服务，协助他们认识疾病，应对实际困难。

②满足刘某的需求，对刘某的治疗以减轻和缓和痛苦为前提，包括音乐治疗、艺术治疗、宠物治疗、戏剧治疗等，按摩和做运动也常用来缓解临终者及其家庭照顾者身体上承

受的压力。

③协助刘某及其家属进行情绪疏导与情绪支持，通过谈论生命意义，改变错误认知，处理不良情绪，最后获得情绪上的安宁，安详地对待死亡。

④协助刘某与家人以及医疗团队保持良好的沟通关系，处理突发危机。

⑤医务社会工作者要尽力为患者和家属提供信息和经济援助，直接为刘某及其家属提供服务。

⑥刘某过世后要为其家属提供哀伤辅导，支持他们走出悲伤历程，重新投入生活。

（4）方案评估：

医务社会工作者和医务工作人员一起做评估，主要包括患者及其家属的满意度、方案执行情况以及执行的效果评估。

第十五章

企业社会工作

15

　　本章主要介绍企业社会工作的概念、特点、功能等，企业社会工作的主要内容（工作对象、服务内容）和主要方法（个案工作、小组工作和社区工作方法在企业中的运用）。企业社会工作的概念和特点，重点掌握争取职工的职业福利，以及监督企业落实涉及职工权益的法律、法规是重要手段；企业社会工作的功能，重点掌握提供物质帮助、心理疏导，协调内外关系，维护职工合法权益等功能；企业社会工作的取向，重点掌握服务对象的价值判断，与雇主的关系取向，服务提供的取向等；企业社会工作的主要内容，重点掌握企业内的个体、群体、整体 3 个层面的对象以及各具体服务内容；企业社会工作的主要方法，重点掌握个案工作、小组工作和社区工作方法在企业中的运用。复习时要理解企业社会工作的概念和特点，分类总结企业社会工作的功能，并结合实例加强理解。要掌握不同对象对应的服务内容，并尝试设计相应的个案工作、小组工作和社区工作方案。

单元1 基础题

第一题：案例分析题

案例：

某企业为适应市场竞争采取了技术改革，并在企业内部进行了职工岗位调动，甚至导致部分职工下岗。由于这次变动涉及了多方的利益，该企业和部分职工多次就岗位调动和下岗问题产生激烈的争论，特别是部分下岗职工情绪激动。

该企业的综合部负责整个企业的劳资管理、人力资源开发、社会保障工作以及老干部管理，在这次改革中，负责下岗职工的买断金发放、养老保障的办理等工作，他们每天要直接面对大量情绪激动的下岗职工。这段时间里，综合部的员工有很大的压力，既要完成企业领导交代的任务，又要安抚下岗职工的情绪，他们夹在中间很不好受，甚至是有苦说不出，与下岗职工的沟通出现了障碍，有时候遇到一些偏激的下岗职工也避免不了一顿争吵。在这样紧张的氛围中工作，他们已出现情绪低落、烦躁等情况。

问题：

1. 上述案例中存在哪些问题和需要？

2. 假如你是一名企业社会工作者，你认为介入的目标有哪些？

3. 针对上述案例中的情况，社会工作者可以采取哪些介入策略？

【答题要点】

1. 上述案例中的问题和需要主要有以下几个方面。

（1）综合部工作人员工作压力大，情绪烦躁，出现了情绪低落的情况，存在解压等心理疏导和情绪调节的需要。

（2）部分下岗职工存在心理疏导和再就业的心理与社会支持需要。面对转岗和下岗的安排，部分职工情绪激动，对企业心存不满，需要一定途径宣泄情绪、表达不满，因此应探索合理解决途径。

（3）劳动关系协调的需要。企业与职工之间存在较严重的冲突关系，存在监督企业落实涉及职工权益的法律、法规的需要。

2. 上述案例中，企业社会工作者的介入目标有以下几个方面。

（1）介入职工情绪管理。为企业综合部的员工提供心理疏导，帮助存在不良情绪的职工减压和调节情绪，以疏导和缓和其不良情绪，改善心理状态。

（2）介入困难群体关怀。为那些转岗和下岗职工提供帮助，不仅要在精神上安抚他们的情绪，还要帮助他们得到相应的福利保障。协调企业内外的各种资源，为他们提供心理和社会支持，帮助其改善生活境况，提升转岗和下岗后职工的适应和发展能力。

（3）介入劳动关系协调。建立职工和企业关系的调解机制，使职工和企业之间发生的矛盾、冲突能够及时有效地得到妥善解决。

（4）介入企业履行社会责任。如果企业社会工作者通过进一步了解情况，发现企业在劳资纠纷事件中发生了侵害职工权益的行为，应传播社会工作的价值理念，推动企业不再单纯追求经济利益，还要履行其在维护职工权益方面的责任。

3. 针对上述案例中的情况，企业社会工作者可以采取的介入策略有以下几个方面。

（1）直接介入的策略。

①开展针对情绪问题的个案工作。针对综合部工作人员的具体情况，制订介入计划，实施个案工作。具体包括：与消极怠工的个别员工建立专业的关系，给予他们情感支持，通过心理辅导处理不良情绪，协助他们掌握情绪管理的技巧，调整好心态，积极工作。

②开展针对适应问题的个案工作。对情绪激动的转岗和下岗职工给予个别辅导，调节他们的情绪，运用同理心给予其情感支持。

③开展针对权益维护与资源支持的个案工作。对转岗和下岗职工给予再就业的心理与社会支持，开展可能因此导致生活困难的援助。

④建立支持小组，开展小组工作，使职工获得支持。利用小组工作方法，把具有消极、烦躁等不良情绪的职工组织起来，开展互助小组，加强与朋辈群体的沟通，让员工在小组中发泄情绪与压力，获得彼此的支持，增强正向动机和能量。同样，针对下岗职工也可以开展支持性小组，让他们在小组中宣泄情绪、获得支持。此外，还可以组织综合部员工和下岗职工组成混合小组，加强他们相互之间的沟通，让他们学会换位思考，理解对方，缓和他们的关系。

⑤建立教育小组。针对转岗和下岗职工在职业技能上的不足，可以举办劳动技能培训班和再就业技能培训班。

⑥运用社区工作的方法，对职工和企业相关状况进行调查研究，了解企业的相关制度，要向下岗职工解释清楚。另外，要向企业传达下岗职工的心声。应制订可行性计划，组织企业和下岗职工的会谈活动，引导下岗职工合理、合法表达自己的意见，维护自身权益，与企业管理方进行对话与沟通，解决因沟通不畅而引发的激烈冲突。

（2）间接介入的策略。

通过介入职工以外的其他系统间接帮助服务对象，如发动转岗和下岗职工的家人和朋友给予其心理和社会的支持，以帮助其更好地适应生活。

第二题：案例分析题

案例：

我国珠三角地区聚集着大量来自全国各地农村的女工。有关统计数据显示，大量外来女工没有加入社会保障系统，医疗津贴、病假、产假没有保障，有的每月平均加班时长达到 150 小时，远远高于法定工作时间。由于工厂多以劳动密集型产业为主，工伤事故发生的频率比较高，这些外来女工对工伤事故发生后申请赔偿的程序和要求赔偿的途径都很陌生，她们不懂该如何去维护自己的合法权益，甚至因担心失去工作而选择忍气吞声。

外来女工群体除了要面对低工资、高劳动强度，她们的身体健康也饱受摧残，这些女工多分布在鞋厂、玩具厂、皮具厂、电子厂和电池厂等，工作过程中长期接触有毒有害的物质，加之其生理特点，女性患职业病的概率远远高于男性。另外，这些女工还面临着在融入当地环境的过程中受到排斥等困难。

问题:

1. 上述案例中,外来女工群体面临哪些问题?

2. 针对上述案例中存在的问题,企业社会工作者应如何介入?

【答题要点】

1. 在上述案例中,外来女工群体面临的问题有:

(1) 职业安全与健康问题。女性由于自身生理特点,再加上健康意识不强,工作中长期接触有毒有害物质,罹患职业病的概率较高。

(2) 权益保障问题。由于权益意识不强,大部分的外来女工没有社会保障,即医疗津贴、病假、产假,有的每月平均加班时长达到 150 小时,工作强度难以负荷;她们在遭遇工伤事故后,不知该如何去维护自己合法的权益,不懂申请赔偿的程序和途径,维权意识薄弱,甚至因担心失去工作而选择忍气吞声。

(3) 城市融入困难的问题。案例中,外来女工在融入当地环境的过程中受到排斥。

2. 针对上述案例中存在的问题,企业社会工作者可以采取的介入策略如下:

(1) 介入职业安全与健康。

①通过为企业女工提供个案咨询、辅导和社会资源,对因工受伤或患病的女工进行慰问,落实相关补偿,为她们的康复提供全方位支持。

②利用小组工作方法对女工进行培训,提供劳工权益、职业健康和安全信息的宣传和培训。通过各类活动,如开展小组活动及教育性研讨会,把劳动法、劳动保护条例及职业安全意识广泛传于外来女工群体,鼓励她们关注职业健康和安全问题。

③开展外来女工互助小组。通过小组动力,将自主、自强、互助的精神传递给外来女工群体,增强她们的维权和自我意识。同时,加强有关职业病防治和女性生殖健康的知识宣讲。

(2) 介入困难群体关怀。企业社会工作关注女工群体中的困难群体(包括老、弱、病、残、孕等群体),协调企业内外的各种资源向困难女工群体提供心理和社会支持,帮助困难女工改善生活境况,提升发展能力。

(3) 介入劳动关系协调。建立企业与职工关系调解机制,使企业和女工之间发生的矛盾、冲突能够及时有效地得到解决,通过定期沟通,将女工对企业的意见和建议及时反馈给管理层,管理层可以针对问题的性质和重要性制定出解决办法,提升女工对企业的满意度和改进企业管理方式,实现企业与职工的双赢。

(4) 介入企业履行社会责任。社会工作者应向企业传播社会工作的价值理念,推动企业不再单纯追求经济利益,要履行其维护女工权益等方面的责任。

(5) 促进外来女工与当地社区共融。通过组织文艺会演、社区活动、维护社区卫生等活动,推动当地居民与外来女工良好互动,增强外来女工的自信心,加快外来女工群体融入进程。

单元 2 提高题

第一题：方案设计题

案例：

随着互联网共享经济模式的快速兴起，外卖骑手的需求以及他们面临的问题也日益凸显。社会工作服务机构在对某市骑手群体的生存和发展状况开展调查时发现，大部分骑手属于"新生代农民"，他们处于相对困难境地，遇到困境时主要求助对象为亲友。很多骑手每天工作超过 12 小时，业余生活单调枯燥；近四成骑手对目前的工作状态不满意，但又不知道未来能做什么；近三成骑手没有任何类型的保险；近五成骑手曾经发生不同程度的交通事故，除了受天气路况和车辆状况等因素影响，主要原因在于订单超时不得不违反交通规则，或担心在家的小孩而心神不宁，或不能被消费者尊重理解而心理压力大。调查还发现骑手群体在工作中积累了众多关于交通安全的经验，大多数也有帮助他人的意愿。

基于调查结果，该社会工作服务机构依据系统理论，从微观、中观和宏观 3 个层面，发起了"关爱骑手，社会工作在行动"服务。

问题：

依据系统理论，设计"关爱骑手，社会工作在行动"的服务方案，只需列出理论要点、服务目标和服务策略。

【答题要点】

1. 系统理论要点

系统理论着眼于分析构成整个系统的各要素之间存在的复杂联系和相互关系，以及存在于社会场境和外部环境中的其他相互影响的要素，即各子系统之间的相互影响。在系统视角下，个人、群体、组织和社区的环境系统是社会工作者介入和改变的场域，在这个场域里所有的元素彼此相互交错和影响，因而它们都是社会工作者需要分析和介入的场域。

2. 服务方案："关爱骑手，社会工作在行动"服务

（1）微观层面。

服务目标：①改善骑手的心理情绪状况；②加强对骑手的安全教育，避免交通意外发生；③建立对骑手的社会支持网络，解除骑手的后顾之忧；④为骑手做职业生涯规划辅导。

实施策略：①为有需要的骑手开展个案辅导，通过心理疏导服务缓解骑手的焦虑、担心等不良情绪；②开展对骑手的安全教育讲座，增强骑手的生命安全意识；③在社区层面为骑手搭建社会支持网络，如联结志愿者等，可提供家庭支持，降低骑手对家庭等状况的担忧；④针对骑手对自身工作不满，对未来迷茫的情况，开设职业生涯规划辅导服务。

（2）中观层面。

服务目标：①推动建立骑手组织，构建骑手支持网络；②开通骑手服务热线；③开展骑手支持小组。

实施策略：①在企业层面推动建立骑手组织，并推动组织与组织之间的增能赋权；

②开通骑手服务热线，提供专业的热线辅导、危机干预、资源整合等服务；③推动开展骑手支持小组，鼓励骑手之间加强联结、共同解决问题。

（3）宏观层面。

服务目标：①建立保障机制，为骑手购买保险；②推动立法与政策完善（政策倡导）；③推动企业履行企业社会责任。

实施策略：①企业建立健全完善保障机制，为骑手购买保险；②通过政策倡导，出台专门针对骑手的政策法规；③积极帮助企业践行企业社会责任，加强对骑手的关爱。

第二题：案例分析题

案例：

王某，35 岁，已婚，在东莞某工厂上班已有 10 年，8 岁的儿子在四川老家由父母看护，妻子跟随王某从老家出来，在同一家工厂工作。夫妻虽同在一家工厂上班，但是住各自的宿舍。平日里，小两口会因为小事情而斗嘴，但关系还算融洽。可最近王某发现妻子的有些行为比较奇怪，会经常接听陌生人的电话，还会经常删除手机里面的短信。通过一段时间的仔细观察，王某发现妻子与某一车间工人走得比较近，行为举止也较为亲密，于是怀疑妻子有了第三者。一天晚上，王某偷偷跟着妻子，直到妻子进了宿舍，却忽然听见宿舍里有男人的声音，随即叫开门，过了一会儿妻子才打开门。进去后王某发现妻子衣衫不整，并且在厕所里发现了那个工人。王某当时十分气愤，随后妻子跪在地上保证和那个工人断绝关系并请求原谅，但被王某拒绝了。

经过此事件后，王某对妻子已经没有了信任感，而且自己感到十分焦虑。王某深知自己十分爱妻子，想继续维持这段婚姻，也尝试和妻子交谈，但每次谈话效果都不好。王某还曾采取跟随妻子上班、跟踪监视、不定时打电话等方式，甚至有时候在上班过程中偷偷到车间观察妻子与那个工人的行为，这些措施和行为反而使得夫妻关系更加紧张。为了防止妻子趁着自己睡着偷偷跑出去，王某竟然连续几天晚上不时到妻子宿舍"查岗"，导致其没有睡好觉。王某感到自己精神紧张，严重影响了个人的工作与家庭生活，于是主动找到企业社会工作者求助。

问题：

1. 上述案例中，服务对象主要面临哪些问题？

2. 假如你是这位接案的企业社会工作者，准备进行介入的目标主要有哪些？

3. 你在介入时，会采取怎样的介入策略？

【答题要点】

1. 上述案例中，案主主要面临以下几个问题。

（1）情绪和心理方面的问题。由于在婚姻关系中遭到打击，案主面临较大的精神压力，多疑、猜忌、失眠、情绪低落，尤其是在事情发生后，情绪波动较大，经常感到精神紧张。

（2）行为方面的问题。服务对象发现妻子出轨后，对妻子爱恨交加，变得十分敏感，猜忌心重，甚至跟踪、监视妻子和那个工人的行为。

（3）婚姻关系存在问题。妻子与第三者的婚外情，导致婚姻关系破裂的危机。

2. 针对上述问题，企业社会工作者可以介入的目标有：

（1）介入职工情绪管理。通过对服务对象的危机介入，为其提供心理辅导，帮助他缓解情绪困扰，正视婚姻危机带来的问题和挑战，增强面对生活的勇气和信心。

（2）介入夫妻关系协调。通过对服务对象夫妻关系的调解，使夫妻之间发生的矛盾、冲突能够及时有效地得到协商和解决。

（3）介入职工的工作生活平衡。通过向企业申请夫妻合住宿舍，让服务对象及其妻子不再"两地分居"，营造便于沟通和交流的环境。

3. 针对上述介入的目标，企业社会工作者可以采取的介入策略有：

（1）开展针对情绪和行为问题的个案工作。具体包括：与服务对象建立专业的关系，给予其情感支持，通过心理辅导处理不良情绪，协助其掌握情绪管理的技巧，调整好心态，积极工作。

在具体的个案工作介入模式上，可以选择理性情绪疗法帮助服务对象管理情绪和改变行为。服务对象在经历了妻子出轨事件后，虽然妻子已经知道错了，但是，服务对象对妻子产生了"以后再也不能信任她了"的不合理信念，担心妻子会再次出轨，因此导致了"查岗"、跟踪监视等不合理的行为。这样，一方面容易引起妻子的不满；另一方面这种焦虑的情绪也在一定程度上加速了婚姻关系的紧张，影响服务对象个人的工作和家庭生活，反而不利于维护服务对象的婚姻。

社会工作者可以引导服务对象换位思考，协助其分析先前采取的措施的合理性与不合理性，以及与期望的后果的偏差等，让服务对象充分认识到自己行为的后果。社会工作者要进一步了解服务对象的情绪和需求，根据服务对象具体的情况和需求，与服务对象一起制订服务方案，协助服务对象明确目标——维护婚姻的稳定，加强情绪管理。

（2）开展针对家庭问题的个案工作。社会工作者协助服务对象增进夫妻间的感情，重新建立夫妻间的信任感，维护婚姻稳定。还要鼓励服务对象与妻子沟通，协助服务对象制订与妻子谈话的方案，以及在谈话过程中可能出现的问题的解决方案，以促进服务对象与妻子关系的改善，维护服务对象婚姻的稳定。

（3）推荐服务对象参加支持与减压小组。利用小组工作方法，加强服务对象与朋辈群体的沟通，让服务对象在小组中发泄情绪与压力，获得组员的支持，增强正向动机和能量。

（4）寻求企业的资源支持。通过向企业申请夫妻合住宿舍，让服务对象及其妻子不再"两地分居"，营造便于沟通和交流的环境。

单元 3　闯关题

第一题：案例分析题

案例：

某企业试用期职工小张收入不高，家庭也比较困难，前段时间小张突发疾病入院治疗，发现企业没有给自己办理社会保险，医疗费用无法报销，这让他感到经济压力很大。小张与企业部门经理沟通，要求企业为他补办社会保险并补偿医疗费，但多次交涉未果。

为此，小张情绪失控，扬言如果不能解决，就要采取过激行为。

企业社会工作者了解情况后，对小张进行了危机介入，通过心理疏导帮助他宣泄负面情绪，使其逐渐恢复平静；联系慈善组织，为他提供物质帮助，减轻其家庭负担；引导他聚焦紧迫性问题，共同探讨解决问题的可行方案，教导他理性表达诉求及合法维护权益的方法。在此过程中，社会工作者始终重视恢复和增强小张自主、合理解决问题的能力。

此外，社会工作者一方面协助企业分析用工管理中存在的问题，督促企业落实劳动保障监察的相关规定；另一方面配合工会开展劳动保障法律法规宣传，推动企业完善用工制度。在社会工作者的协调下，企业为小张办理并补缴了社会保险，赔偿了因此而导致的经济损失。

问题：

1. 本案例中，社会工作者运用了哪些危机介入的技巧？

2. 本案例中，社会工作者提供了哪些企业社会工作服务？

【答题要点】

1. 本案例中，社会工作者运用了以下危机介入的技巧。

（1）将焦点放在帮助服务对象恢复和发挥功能上，而不是解决整个问题。因为危机出现之前服务对象拥有满意的社会功能，所以危机介入要针对危机出现时的机制失灵问题，帮助服务对象恢复应对问题的能力以解除危机。本案例中，社会工作者在紧急介入的时候，优先关注小张的情绪、物质等急切问题。

（2）帮助服务对象宣泄由危机带来的紧张情绪，给予其心理等方面的支持，以防精神崩溃。案例中提到"对小张进行了危机介入，通过心理疏导帮助他宣泄负面情绪，使其逐渐恢复平静"。

（3）瞄准服务对象当前需要。介入目标要现实，对服务对象不能要求太高。案例中引导服务对象聚焦紧迫性问题，共同探讨解决问题的可行方案。

（4）担任教导角色。包括告诉服务对象应该做什么，同时也为他们做一些力所能及的事。当服务对象功能逐步恢复时，就可以结束介入行动。案例中提到"在此过程中，社会工作者始终重视恢复和增强小张自主、合理解决问题的能力"。

2. 本案例中，社会工作者提供了以下企业社会工作服务。

企业社会工作服务包括10个方面：职业生涯规划、职工心理健康辅导与情绪管理、职工素质提升（合法权利维护增权、参与职业教育、激励职工工作）、安全与健康（消除或减少不安全因素、为受伤员工提供援助、争取补偿、社区康复）、职工参与企业管理、工作生活平衡、劳动关系协调、企业文化建设、困难群体关怀、履行企业社会责任。结合本案例中小张的实际情况，社会工作者主要提供的服务包括：

（1）职业心理健康辅导与情绪管理：案例中提到"对小张进行了危机介入，通过心理疏导帮助他宣泄负面情绪，使其逐渐恢复平静"。

（2）劳动关系协调：案例中提到"社会工作者一方面协助企业分析用工管理中存在的问题，督促企业落实劳动保障监察的相关规定；另一方面配合工会开展劳动保障法律法规宣传，推动企业完善用工制度"。

（3）困难群体关怀：案例中提到"联系慈善组织，为他提供物质帮助，减轻其家庭负担；引导他聚焦紧迫性问题，共同探讨解决问题的可行方案，教导他理性表达诉求及合法维护权益的方法"。

（4）履行企业社会责任：案例中提到"企业为小张办理并补缴了社会保险，赔偿了因此而导致的经济损失"。

结合本案例中小张的实际情况，社会工作者主要提供的服务包括：职业心理健康与情绪管理：案例中提到"对小张进行了危机介入，通过心理疏导帮助他宣泄负面情绪，使其逐渐恢复平静"。劳动关系协调：案例中提到"社会工作者一方面协助企业分析用工管理中存在的问题，督促企业落实劳动保障监察的相关规定；另一方面，配合工会开展劳动保障法律法规宣传，推动企业完善用工制度"。

第二题：案例分析题

案例：

社会工作者在某企业提供服务时发现，员工小张的父亲最近遭遇严重车祸住院治疗，小张的生活和经济面临巨大压力，情绪低落，工作多次出错，还出现擅自离岗的情况，企业领导多次批评，并声称要扣发奖金。

社会工作者在预估中，绘制了小张的社会生态系统图，如下图所示。

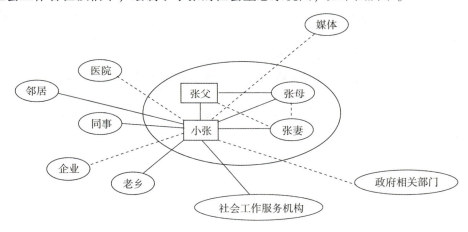

问题：

1. 依据上图，分析小张的社会生态系统状况。

2. 依据企业社会工作的服务内容，社会工作者可以为小张提供哪些服务？

【答题要点】

1. 根据上图，实线表示强关系，虚线表示弱关系，分析小张的社会生态系统状况，可以看出：

（1）小张的家庭系统。

①小张的原生家庭。小张与父母关系紧密，并且其父母关系也非常融洽，彼此能够给予足够的支持，虽然小张的父亲住院，但是其母亲可以照顾。

②小张的家庭。小张与妻子关系融洽，表现为强关系。妻子能够给小张提供较多支持。

③小张的家庭和原生家庭之间的关系。小张和妻子的关系很好，和父母也有较好的关系，但小张妻子和公婆之间的关系较弱，不过可以考虑将来作为可开发的资源来缓解小张照顾父亲的压力。

（2）小张的家庭系统与周围环境系统。

①小张及其家庭系统的非正式资源非常丰富，与邻居、同事、老乡等之间的关系都表现为强关系，这些都能为他提供帮助。

②小张及其家庭的正式资源需要开发，目前只有社会工作服务机构提供了服务，医院、企业、政府相关部门、媒体等正式组织表现为弱关系，在为小张开展服务时可以考虑开发这些方面的资源，为其提供服务。

2. 按照企业社会工作的服务内容，社会工作者可以为小张提供以下服务。

（1）介入职工情绪管理。小张由于父亲遭遇严重车祸，生活和经济上突然发生巨大的变故，情绪非常低落。对此，企业社会工作者可以对小张开展个案工作，进行相应的心理疏导，改善其心理状态。

（2）介入职工的工作生活平衡。小张家庭突然遭遇重大变故，企业应该更好地关注小张的家庭困难和家庭状况，应该给小张适当时间，让小张能够更好地照顾自己的家庭。

（3）介入困难群体关怀。由于小张父亲发生交通事故，家里的经济突然面临巨大压力。对于突然面对生活困难的群体，企业社会工作者可以协调企业内外各种资源给予其社会支持，帮助困难职工改善短期内不利的生活状况。

①经济帮助。a. 与医院进行沟通，争取适当减免相关费用，减轻压力。b. 组织同事捐款，帮助他渡过难关。c. 在争取小张同意的前提下，与其领导进行沟通，将他的具体情况告诉他的领导，争取领导的理解，或可争取更多的时间照顾父亲。

②家庭关系修正。与小张的妻子沟通，希望在这种情况下，她可以站在小张的身边，和他一起渡过难关，帮助他照顾住院的父亲。

（4）介入职工职业生涯规划。企业社会工作者还可以为小张重新规划职工的职业生涯，为小张在工作方面提供可行的建议。

第三题：方案设计题

案例：

社会工作者在某工业区开展企业社会工作服务时了解到，有的工厂没有提供足够的安全防护用品；有的员工受伤后才意识到工作岗位存在危险因素；有的员工虽然对职业安全与健康知识有所了解，但心存侥幸，觉得自己不会那么倒霉；有些企业管理者则抱怨员工缺少安全生产意识，不愿意佩戴防护用品。

针对上述情况，社会工作者计划在员工中开展职业安全与健康教育小组服务，使员工学习了解相关知识，提升自我保护意识和能力。

问题：

请你设计一份职业安全与健康教育小组方案，只需补充需求评估、小组目标、招募组员（渠道）、小组活动内容。

职业安全与健康教育小组方案
需求评估：
小组目标：
理论基础（略）
招募组员（只列出招募渠道）：
小组活动内容
其他（评估、困难应对、预算等）（略）

【答题要点】

针对案例，社会工作者拟设计一个职业安全与健康教育小组，方案要点如下：

职业安全与健康教育小组方案	
需求评估	通过走访、问卷调查、实地观察、面谈、查阅文档等方法对职工的生理、心理和社会层面的需求进行评估，列出主要需求并进行排序，找出需求间的逻辑关系
小组目标	1. 了解职业安全相关政策法规 2. 掌握职业安全与健康的联系 3. 重视职业安全与健康
理论基础	略
招募组员（只列出招募渠道）	1. 在单位宣传栏张贴宣传通知 2. 利用网络渠道，如微博、微信、QQ 群等发送招募计划 3. 请安全保卫科、人事部门等相关人员重点推荐

职业安全与健康教育小组方案	
小组活动内容	共 6 次小组活动： 1. 相互认识。社会工作者介绍自己与小组，运用"棒打薄情郎""扑克结对认识介绍"等游戏加速组员认识等；活动总结 2. 安全你我他。热身活动；回顾上节内容；通过短片或案例分析，了解安全与健康的重要性；总结与布置作业：观察身边同事在安全与健康方面采取的措施 3. 安全健康早知道。热身活动；回顾上节内容；邀请保卫科工作人员分享本单位常见的安全与健康措施并学会正确使用；运用图片等开展相关讨论，尤其是邀请有准备的组员发言；活动总结 4. 意外事故的预防。热身活动；回顾上节内容；以情景剧的形式讨论针对不安全状况的预防措施；活动总结 5. 爱护自己，远离危险。热身活动；回顾上节内容；运用绘画方式描绘活动开展前后自己在安全与健康防护方面的变化，如果不会画，可以列举几条；总结上班前的安全准备工作以及规范操作等重要事项；活动总结，并告知组员小组即将结束 6. 依依惜别。热身活动；回顾前面 5 节内容；通过"坐人椅"活动，再次强调安全的重要性；分享个人的收获，并为其他组员写祝福与安全健康方面的温馨贴士；活动总结
其他（评估、困难应对、预算等）	略

全真模拟试题（一）

第一题：案例分析题

案例：

某社会工作服务机构计划运用小组工作，招募成功戒毒 3 年以上，有意愿和能力的康复者，培养他们成为同伴辅导员，共同开展戒毒康复服务。在社会工作者的组织下，"你我同行、创造奇迹"同伴辅导员能力建设小组成立。组员在小组中分享康复经历，学习辅导知识与技巧，建立起相互支持的团队关系。经过一段时间的培养，组员不仅具备了作为同伴辅导员的素养和能力，而且萌发出强烈的助人动机。在此基础上，社会工作者组织同伴辅导员与正在社区戒毒的康复人员结成同伴关系，传递戒毒信心。同伴辅导员在同伴面临复吸危机时，通过陪伴劝导，多次成功阻止复吸事件的发生。在同伴辅导过程中，同伴辅导员提升了辅导能力，实现了自我疗愈，获得了新的生命意义。

此外，社会工作者组织同伴辅导员参加禁毒宣传等公益活动。鼓励他们面向社会传播禁毒理念和知识，分享自己的成长和收获。在活动中，同伴辅导员体验到了奉献的快乐，发挥了较好的榜样作用，也让社会看到了他们的行动带来的改变，这些同伴辅导员成为禁毒社会工作服务的重要力量。

问题：

1. 分析本案例中同伴辅导员的功效。
2. 结合案例，分析优势视角下社会工作实务的特点。

第二题：案例分析题

案例：

某社会工作服务机构督导老张对助理社会工作者小李开展个别督导，以下对话节选自督导过程记录。

老张："小李，上次督导时我们谈了计划对王女士夫妇开展家庭社会工作服务，目前进展得怎么样？"

小李："我给他们打电话约定了第一次会谈的时间和地点，做好了会谈准备。初次会谈时，我首先介绍了自己和咱们社会工作站的基本情况，接着初步评估了他们的问题，感觉他们挺信任我的。我在介入前还需要做哪些工作呢？"

老张："听起来你已经完成了不少任务，在介入前确实还有一些工作需要开展，具体包括……除此之外，你觉得还有什么地方需要改进呢？"

小李："噢，怪不得我总觉得少做了点什么，我在评估时主要听了王女士的讲述，这样是不是不够呢？"

老张："确实不够。我们也要聆听其他家庭成员的讲述，还要观察王女士夫妇之间的交流，以及他们与周围环境的互动等，这样才能更准确地把握他们的真实问题和需要，我们要认识到每个家庭都是独特的，应从服务对象的现实处境出发。此外，我们既要关注服务对象当前的需要，又要关注其长远的要求……"

小李："好的，我会注意这些原则。我请教了很多同事，准备制订服务计划，对于服务，您还有什么要提醒的吗？"

老张："你做的这些功课很好，不过要注意鼓励王女士夫妇参与解决问题的过程。"

问题：

1. 按照家庭社会工作的实施步骤，小李在介入阶段前已完成哪些任务，还应完成哪些任务？

2. 分析说明老张的建议体现了家庭社会工作的哪些基本原则。

第三题：案例分析题

案例：

A 社区发生了几起虐待儿童事件，社会工作服务机构应邀进驻该社区开展儿童保护服务。社会工作者通过入户走访，了解是否存在育儿行为不当、儿童照料缺失、家庭经济困难以及家庭关系紧张等情况，采用"红（高风险）—黄（中风险）—绿（低风险）"三色法对不同家庭进行标识；针对存在风险的家庭，组织社区志愿者定期上门了解近况；在社区张贴海报，宣传儿童保护知识；为存在不当育儿行为的家长开展亲职教育服务。

小江是高风险家庭的儿童，自从母亲去世后，他经常遭到父亲酒后殴打。某日，社区志愿者向社会工作者报告，小江又被父亲打了，这次情况特别严重，他被打得意识不清。社会工作者接到报告后，立即赶到小江家中，拨打"120"并护送他去医院紧急救治。

问题：

1. 分析社会工作者在本案例中开展了哪些方面的预防服务。

2. 在本案例中，社会工作者还应采取哪些危机干预措施？

第四题：案例分析题

案例：

社会工作者小罗在对李爷爷家评估时发现：李爷爷家房屋老旧，物品摆放杂乱，室内照明不足；李爷爷和老伴儿王奶奶以前经常参加社区活动，李爷爷的儿子每周会来探望一次；李爷爷夫妻二人的退休金能满足日常开销；前段时间，李爷爷因不慎摔倒导致骨折，生活暂时不能自理，全靠王奶奶照顾；李爷爷担心不能康复，情绪十分低落。

针对评估中发现的问题，小罗采取了一系列行动：动员志愿者骨干定期探望李爷爷；邀请医护人员一同进行深入评估，制订上门照护与康复训练计划；介绍王奶奶加入照顾互助小组；协调相关部门对李爷爷家进行居家安全改造。

此外，为了更好地回应类似服务对象的需要，小罗总结服务经验，对机构的工作流程提出了改进建议。

问题：

1. 小罗对李爷爷家进行了哪些基础性评估？

2. 在本案例中，小罗运用了哪些间接介入策略？

第五题：方案设计题

案例：

禁毒社会工作者在开展吸毒人员社区康复时发现，不少服务对象陷入就业困难境地。有的服务对象表示，用工单位对他们存在歧视，自己根本无法找到工作；有的表示自己曾经吸毒，是个"废人"，不可能找到工作了；有的表示在求职面试时总是感到自卑，容易紧张不安。同时，社会工作者也发现，有一些服务对象走出了困境，顺利就业。

社会工作者计划运用标签理论，为陷入就业困境的服务对象开展就业辅导小组服务。小组共5节，总目标设定为协助组员"去标签"，提升就业能力。第1节小组活动的主要内容有：与服务对象建立关系、澄清小组目标和签订小组契约。

问题：

依据标签理论，完成本小组的活动设计，只需列出理论要点，以及其余4节小组活动的目标和主要策略。

参考答案

第一题

1. 分析本案例中同伴辅导员的功效

同伴教育也称同伴教学、朋辈咨询、同辈辅导或者朋辈辅导，是指具有相似年龄、背景、生理、经历、体会、社会经济地位，相同性别等具有共同语言的人在一起分享信息、观念或行为技能。同伴教育者易唤起身边同伴的心灵共鸣，以实现教育目标。

（1）改变了自我认同，提升了自信，获得了价值感。案例中提到"组员不仅具备了作为同伴辅导员的素养和能力，而且萌发出强烈的助人动机"。

（2）明确了自身定位，获得了使命感和责任感。案例中提到"同伴辅导员在同伴面临复吸危机时，通过陪伴劝导，多次成功阻止复吸事件的发生"。

（3）增强了帮助同伴的动力，提升了生活意义。案例中提到"在同伴辅导过程中，同伴辅导员提升了辅导能力，实现了自我疗愈，获得了新的生命意义"。

（4）增强了抵御毒品诱惑的能力。案例中提到"也让社会看到了他们的行动带来的改变，这些同伴辅导员成为禁毒社会工作服务的重要力量"。

（5）为其他同伴树立了弃恶从善、改过自新的榜样。案例中提到"在活动中，同伴辅导员体验到了奉献的快乐，发挥了较好的榜样作用"。

2. 优势视角下社会工作实务的特点

（1）非疾病假设。优势视角与传统社会工作的疾病模式不同，它从一个完全不同的角度看待服务对象身处的环境和他们的现状；它不是孤立地专注于问题，而是将目光投向可能性，在创伤、痛苦和困难的荆棘之中看到希望和转变的种子。诸如本案例中的服务对象属于社区戒毒康复对象，从传统意义上来讲，属于边缘人群，但是社会工作者不应先入为主地为其贴标签，避免将其界定为有问题的人。

（2）强调社会工作的任何过程都要重视服务对象的优势。优势视角/能力视角的实践意味着：社会工作者所做的一切都要立足发现和寻求、探索和利用服务对象的优势和资源，协助他们达到自己的目标。本案例中，社会工作者通过戒毒康复的同伴志愿者陪伴辅导的方式，让已经戒毒康复成功的人员陪伴帮助尚在戒毒康复期的其他伙伴，充分体现了重视服务对象的优势的特点。

（3）强调整合性干预服务。优势视角的理念与生态系统理论具有高度内在契合性。生态系统理论暗含着一个基本假设：个人痛苦是政治性的，社会工作的实践也是政治性的。社会工作的优势视角或称能力视角契合了生态系统理论的这种假设，倡导一种生态系统的方法，强调全体与完整，并且在评估和介入过程中对服务对象的经验予以关注。案例中社会工作者在开展社区戒毒康复工作的时候，并不是只关注服务对象的生理问题，而是从"身、心、社、灵"等多角度进行整合性介入，从而达到更佳的效果。

第二题

1. 家庭社会工作的实施步骤通常经历 4 个阶段，即接触阶段、开始阶段、介入阶段和结束阶段。小李在介入阶段前已经完成了接触阶段的任务和部分开始阶段的任务，具体包括："我给他们打电话约定了第一次会谈的时间和地点，做好了会谈准备。初次会谈时，我首先介绍了自己和咱们社会工作站的基本情况，接着初步评估了他们的问题，感觉他们挺信任我的"，可知小李在介入阶段前完成了与受助家庭的接触工作，与受助家庭约定初次会谈的时间和安排、为初次会谈做准备以及安排第一次会谈等。同时完成了开始阶段的部分任务：与受助家庭成员建立稳定的合作关系（小李说"感觉他们挺信任我的"）；初步评估了他们的问题。

小李还应完成的任务有全面预估和计划完成的任务，具体包括：全面评估受助家庭成员的问题，明确服务介入的目标和基本要求。

2. 家庭社会工作的原则包括家庭处境化原则、帮助家庭成员增能原则等，这些基本原则，为家庭社会工作的设计和执行提供基本的指导框架，保证社会工作者准确评估家庭成员的需求，挖掘家庭成员的能力，实现家庭服务活动的目标。老张的建议体现了家庭社会工作的以下基本原则。

（1）家庭处境化原则。

家庭是家庭成员自然生活的场景。它要求社会工作者在观察和评估家庭成员的需要时，把家庭成员放在家庭的日常生活环境中，观察和了解家庭成员之间以及家庭成员与周围环境之间的互动交流状况，关注家庭成员的日常生活。

在本案例中，老张建议要聆听其他家庭成员的讲述，还要观察王女士夫妇之间的交流，以及他们与周围环境的互动等，主要体现了家庭处境化原则。

（2）帮助家庭成员增能原则。

该原则要求社会工作者在帮助家庭成员解决问题的过程中，鼓励家庭成员积极参与问题的解决过程，提升家庭成员自身的能力，增强他们的自信和独立。

老张建议服务时要鼓励王女士夫妇参与解决问题的过程，体现了这一原则。

（3）家庭个别化原则。

该原则认为，每个家庭都是独特的，都有自己的生活环境和沟通交流的方式，社会工作者只有从受助家庭所处的特殊处境和沟通方式着手，才有可能把握受助家庭成员的真实需要，提供符合受助家庭成员要求的服务。

案例中老张说"我们要认识到每个家庭都是独特的"，体现了家庭个别化原则。

（4）满足家庭成员需要原则。

该原则是指社会工作者既要关注受助家庭成员的目前需要，也要关注受助家庭成员的长远要求，并且跟随受助家庭成员需要的变化将问题的解决和预防以及发展结合起来。

案例中老张建议"我们既要关注服务对象当前的需要，又要关注其长远的要求"，体现了这一原则。

第三题

1. 预防服务是指儿童社会工作者在儿童所在的社区环境中，对社区和家庭，尤其是后者存在的儿童侵害风险进行发现、监测和干预的专业活动。这些风险主要包括因儿童自身状况给父母亲职的挑战、生活困境、家庭人际关系，尤其是父母关系紧张、父母育儿行为不当、父母照料缺失等。预防服务即为能够及时发现上述不利于儿童安全、健康成长的风险，采取有效措施，消除或者改善风险状况，保障儿童的安全，促进其健康成长而开展的服务，A 社区已经发生几起虐待儿童事件，对此进驻 A 社区的社会工作服务机构开展的预防服务包括：

（1）家庭走访。走访的目的是到儿童的家庭环境中实地观察和感受儿童的生活环境，在自然的环境中与儿童及其家长进行交流，从而获得最直接、最真实的信息，以了解家庭状况，社会工作者通过入户走访，了解是否存在育儿行为不当等情况。

（2）社区动员和教育。在社区张贴海报，宣传儿童保护知识。

（3）评估分类。采用"红（高风险）—黄（中风险）—绿（低风险）"三色法对不同家庭进行标识。

（4）儿童风险识别。针对存在风险的家庭，组织社区志愿者定期上门了解近况。

（5）监测和干预。对存在风险的家庭中的父母，开展亲职教育服务，帮助父母提升亲职能力。

2. 危机指人类个体或群体无法利用现有资源和惯常应对机制加以处理的事件和遭遇，一般包括 3 个相关联的因素：一是压力性或危险性事件；二是个体对事件的认识；三是个体的应对机制和克服危机的能力。小江的危机是长期遭受家暴的危险性事件，该事件也造成小江解决危机的能力下降。

对此，社会工作者可以采取以下干预措施。

（1）开展评估。服务对象发生危险需要就医的，应本着生命第一的原则马上联系急救或警方，确保服务对象小江的安全。

（2）建立关系。社会工作者应该运用人本主义的视角，保持冷静和平静，对服务对象表现出无条件的积极关注、真诚和同理关怀。社会工作者可以与小江展开对话，积极拉近彼此之间的距离。

（3）聚焦问题。社会工作者应将焦点限定在与危机相联系的紧迫性问题上，快速作出危险性判断。社会工作者可以与小江展开探讨，阐述危机事件及过往经历，进而寻求解决方法。

（4）稳定情绪。社会工作者可以使用积极倾听的技巧，对服务对象予以鼓励性、认可性、反应性的示意。社会工作者在倾听小江对遭遇的叙述时，要有效稳定小江的情绪，帮助其宣泄因为危机带来的紧张感，进而远离极端情绪。

（5）制订方案。通过询问，着力呈现、辨识、建构服务对象现有的优势、资源和应对技巧，充分发挥服务对象的能动性，与其一起寻求处理紧急状况和问题的可取之策与应对机制。这里尤其要强调的是，介入的目的是处理那些与危机有关的问题，而非完全解决所有问题；介入的焦点是以危机的调适和治疗为中心，要瞄准服务对象当前需要，确立现实、有限、具体、可行的目标；介入的关键是帮助服务对象处理其意识中和潜意识中存在的问题，故应与服务对象一起探讨可行性方案、一起订立服务计划，鼓励服务对象自决。

（6）实施计划。在具体实施的过程中，尤其要注重：①输入希望，提供精神支持与宣泄渠道，让迷茫、无助的服务对象重燃对生活的渴望、人生的希望。②提供支持，加强资源链接，积极联络亲属，充分利用其自身拥有的资源，协助解决当前问题，共同努力克服危机。③恢复自尊，了解服务对象对自己的看法，协助其重塑自信、增强权能，并在其改变的过程中给予适度激励，以乐观的精神感染服务对象，传递正能量。④培养自主能力，帮助服务对象恢复和发展功能、减少依赖、提升自主能力、克服危机。

（7）后续跟进。社会工作者应该在最初的危机干预结束后适时结案，之后通过电话、网络等媒介或实地回访跟进服务等方式，确保危机情况得到解决，帮助服务对象恢复生活信心，努力促进其身心健康和人际交往。

第四题

1. 小罗对李爷爷家进行的基础性评估包括以下两个方面。

（1）个人资料评估：

①生理。评估李爷爷的身体健康状况：身体摔伤骨折，生活暂时不能自理。

②心理。李爷爷担心不能康复，情绪十分低落。

③社会功能。李爷爷生活暂时不能自理，无法参加社区活动。

④经济状况。李爷爷和老伴儿王奶奶的退休金能满足日常开销，经济情况良好。

（2）环境资料评估：

①家庭环境分析。房屋老旧，居住条件差；亲子关系融洽，有常规的亲子互动。

②社会环境分析。李爷爷和老伴儿王奶奶以前参与社区互动多，参与感强。

2. 本案例中，小罗运用了以下间接介入策略。

（1）动员志愿者骨干定期探望李爷爷，提供心理支持，缓解李爷爷的情绪问题。

（2）链接医疗资源，为李爷爷提供上门服务，改善李爷爷的身体情况。

（3）协调有关部门，进行居家安全改造，改善李爷爷的住房条件。

（4）为王奶奶提供小组服务，给王奶奶提供支持。

第五题

1. 标签理论是以社会学家勒麦特和贝克的理论为基础而形成的一种社会工作理论。这种理论认为，一个人被认为是"有问题的人"与周围环境中的社会成员对他及其行为的定义过程或标定过程密切相关。标签理论认为，犯罪是社会互动的产物，而个人被社会上的重要他人（如警察、法官）贴上标签，描述为偏差行为或犯罪者，他就逐渐自我修正，自我认定为偏差行为者或犯罪者，因而"破罐破摔"，在行为方面更加偏离社会规范。因此，社会工作的一个重要任务就是"去标签"，即通过一种重新定义或标定的过程来使那些原来被认为或自认为"有问题的人"恢复为"正常人"。

2. 小组活动的总目标是协助组员"去标签"，提升就业能力。

3. 每节小组活动目标与主要策略：

序号	目标	主要策略
第一节	与服务对象建立关系、澄清小组目标和签订小组契约	
第二节	让组员认识什么是标签	分享自己觉得身上的标签是什么，以及它给自己带来的影响
第三节	撕掉自己内心的负面标签	"撕标签"游戏
第四节	重新定义自己	发现自己的闪光点，建立积极正向的标签
第五节	回顾小组效果，处理情绪；展望未来	分享感受，积极面对未来

全真模拟试题（二）

第一题：案例分析题

案例：

小强，19 岁，在仓库做分拣员，父母都是农民。公司要求每天工作满 6 个小时，工资每小时 10 元，且无休假。一天，他在分拣重物时不幸扭伤了腰，被工友送到了医院。医疗费花了 4000 多元，公司不但没给他补偿，还以他无法继续工作为由将他辞退。小强出院后一直在家待着，无法干重活儿，一时找不到工作，情绪很差。小强的朋友向社会工作者介绍了小强的情况，希望能得到帮助，社会工作者接受了求助。

问题：

1. 结合案例，说明企业社会工作的特点。
2. 依据企业社会工作的服务内容，社会工作者可以为小强提供哪些服务？

第二题：案例分析题

案例：

中共中央办公厅　国务院办公厅《关于健全新时代志愿服务体系的意见》提出健全坚实有力的志愿服务支持保障体系，鼓励社会各方面为志愿服务组织发展运行、项目开发、业务交流、承接公共服务等提供支持。某社会工作服务机构采取"五社联动"策略，联合村民委员会、社会组织和企业，共同开展关爱留守老人志愿服务。社会工作者初步评估发现村民骨干的志愿服务能力欠缺，于是开展了村民骨干能力建设活动。社会工作者带领村民骨干上门开展服务，让他们边看边学为老服务的技巧，针对每个村民骨干的特点，指导他们练习与企业沟通的技巧；通过活动前演练和活动后回顾，提升村民骨干组织大型活动的能力。

一段时间后，村民骨干的志愿服务能力显著提升，但社会工作者发现本地村民仍参与不足，主要是现有乡村志愿服务体系不健全，包括志愿服务活动缺少物资，志愿者数量少，志愿服务内容和形式单一，志愿服务信息碎片化，供需信息对接不畅，有的留守老人想为其他老人提供力所能及的志愿服务，但缺少互助机制。

问题：

1. 在本案例中，社会工作者采取了哪些方法培养村民骨干参与关爱留守老人志愿服务的能力？
2. 在本案例中，为健全乡村关爱留守老人志愿服务体系，社会工作者应开展哪些方面的工作？

第三题：案例分析题

案例：

在某街道召开的多方协商会议中，与会代表普遍反映，目前社区志愿者的参与积极性较高，但志愿服务存在资源碎片化、活动形式单一等问题，难以满足居民的多元化需求。街道调研后，决定从构建多方联动机制入手，委托社会工作机构实施"共建美好社区"志愿服务项目。

社会工作者走访辖区内的志愿服务组织，了解其专长和运行情况，推动这些志愿服务组织成立志愿服务联盟，建立志愿服务资源库，联动社区居委会，深入调研居民需求，建立志愿服务供需对接机制，促进志愿服务精准化。在项目运行中，社会工作者引导志愿服务联盟广泛吸纳社会组织、社区商户和爱心人士等多方力量参与，共同解决居民关心的问题；建立志愿服务积分制度，促进志愿服务可持续发展。随着项目的深化，社区共建共治共享的氛围日益浓厚，居民开始以主人翁的姿态，积极地参与社区事务。

问题：

1. 本案例中，社会工作者采取了哪些推动社区多方联动的方法？

2. 本案例中体现了社区社会工作的哪些特点？

第四题：案例分析题

案例：

为提高社区环境治理水平，A社区发挥社会工作者的专业优势，重点解决生活垃圾分类活动中居民参与不足的问题。

社会工作者通过社区调查了解到以下信息：有些居民认为，垃圾分类很重要，但如果其他居民还是把没有分类的垃圾丢进垃圾桶，自己一个人也是白做；有些居民反映，因为宣传不到位，自己不太清楚垃圾分类的意义和价值；有些居民指出，目前垃圾分类设置的物质类奖品没有太大吸引力，建议把获得便民服务也作为奖励；有些居民表示，平时工作比较忙，没有时间参加垃圾分类的培训；有些居民提到，垃圾分类是新鲜事物，不太清楚究竟要怎么分类。

问题：

1. 列出影响A社区居民参与垃圾分类活动的主要因素。

2. 为推动A社区居民积极参与垃圾分类活动，社会工作者可以采取哪些策略？

第五题：案例分析题

案例：

36岁的吴多多是家里的顶梁柱，也是一个单亲爸爸。收入微薄的工作根本不能支撑现在的生活，他不仅要照顾身患重病的母亲，还要支付年幼的孩子的各种学习费用。一次，下班回家的吴多多路过加油站时发现那里的安保工作并不是很严密。没想到还未回到家，他就接到医院的电话，通知他母亲突然晕倒，被送往医院。吴多多匆忙赶到医院，医生通知他的母亲需要紧急手术，家属要把后续的手术费用尽快交齐。因此，生活清苦没有多余存款的吴多多更加坚定了抢劫加油站的想法。在暗自观察了几天以后，吴多多终于行动了。他连续抢劫了3家附近的加油站，不久后在家中被捕。对自己的所作所为，吴多多很是后悔，更加让他担心的是还在医院的母亲和年幼的孩子无人照顾。

问题：

1. 根据上述案例，请界定吴多多面临的主要困境是什么？

2. 对吴多多的家人，作为矫正社会工作者的你将会提供怎样的服务？

参考答案

第一题

1. 企业社会工作具有如下特点。

（1）争取职工的职业福利是企业社会工作的核心内容，本案中可以为小强争取福利。

（2）监督企业落实涉及职工权益的法律、法规是企业社会工作的重要手段，本案中可以为小强办理保险、给予补助。

（3）因地制宜地开展和设计有特色的服务项目是企业社会工作的主要任务。

（4）兼顾公共性、公益性与多方共赢是企业社会工作的主要策略，维护企业职工的合理利益，实现政府、企业和企业职工的共赢。

2. 依据企业社会工作的服务内容，社会工作者可以为小强提供以下服务。

（1）开展救助帮困。

①申请社会救助。评估小强家庭的经济状况，向政府有关部门申请最低生活保障，解决其经济压力和生存困难。

②申请企业帮困。积极走访小强曾经所在的单位，反映小强的实际情况，争取获得企业的帮困资助。

③开展社会帮困。通过社会共助、邻里互助、老乡资助的方式，争取更多的资金支持，帮助小强渡过生存难关。

④争取工伤赔偿。通过司法途径，厘清事故责任，帮助小强获得相应赔偿。

（2）协调劳资关系。走访小强曾经的企业，借助媒体宣传的手段，维护小强的合法权益。

（3）规划职业生涯。与小强讨论职业生涯发展规划，明确其自身的职业定位，帮助其树立正确的人生目标，选择合适的工作岗位。

（4）提供心理辅导。为小强提供心理辅导，去除其负面情绪，使其直面现实生活。

（5）提升职工素质。通过教育和引导增强小强的维权意识，加强职业技术培训并提高其文化知识水平。

（6）宣传职业安全与健康教育。普及劳动安全与卫生方面的法规，增加预防工伤和职业病的宣传教育。

第二题

1. 社会工作者采取"五社联动"策略，联合村民委员会、社会组织和企业，共同开展关爱留守老人志愿服务，同时社会工作者采取了以下策略培养村民骨干的能力：

（1）模仿学习。社会工作者以身作则，带领村民骨干上门服务，积极示范，让他们边看边学为老服务的技巧；待人接物的行为、态度和技巧，使得村民骨干观察到社会工作者的表现，自觉或不自觉地吸收知识、技巧和掌握工作程序。

（2）个别训练和督导。针对每个村民骨干的特点，指导他们练习与企业沟通的技巧和培养解决问题的能力。

（3）通过活动前演练和活动后回顾，提升村民骨干组织大型活动的能力，并成为其他居民的"榜样"，发动和带领更多的村民参与社区事务。

2. 为健全乡村关爱留守老人志愿服务体系，社会工作者的工作目标是促进居民参与，解决社区问题；改善社区关系，增强社区意识；挖掘社区资源，满足社区需求，具体做法如下：

（1）推动居民参与。通过社区教育与社区宣传，促进居民对参与价值的肯定；通过知识和技巧的培训提升社区居民的参与能力。

（2）建立社区支持网络。对社区中有困难的人群，比如本案例中的留守老人，以其为中心，建立网络化的社会支持，使这些网络能够发挥积极的支持作用，帮助留守老人解决其面临的问题。主要策略有：其一，个人网络。针对留守老人的现存人际关系以及其所置身的环境内具有发展潜力的成员，如家庭成员、朋友、邻居等，通过建立联系和提升助人能力，让这些成员来协助服务对象。其二，志愿者网络。对社区中拥有极少个人联系的服务对象，将他们与可以提供服务的志愿者建立联系，实现"一对一"帮助，如村内党员、大学生志愿者、辖区内职工等。其三，互助网络。把面对相同问题或有相似兴趣或能力的人聚集在一起，帮助他们建立联系，促使他们互相帮助和支持，提升他们解决问题的能力。其四，邻里协助网络。社会工作者认为，社区中的邻里、商店员工、小组长等在为服务对象提供支援上扮演重要角色。

（3）资源链接。发现、挖掘、整合辖区内的人力、财力、物力、文化和组织等资源，形成功能上的互补和互依。然后，在社区服务过程中，社会工作者依照资源的不同特性配置资源，采取组织、培训、咨询、合作等不同方法进行弹性使用，确保资源有效协调和使用，发挥资源的最大效益。例如，联系爱心企业、社会组织以及其他社区开展合作。

（4）搭建志愿服务信息平台，规范志愿信息的发布，对志愿服务时间、内容等进行合理的安排，确保供需信息对接流畅。丰富志愿服务活动，拓展志愿服务的范围和领域，如开展"最美志愿者评比""志愿者能力提升工作坊"等活动。

第三题

1. 本案例中，社会工作者采取了如下推动社区多方联动的方法。

（1）了解社区状况，熟悉社区资源，心目中要有"一台账"。社区社会工作者要了解社区内各类组织、各方力量的运作和互动情况，掌握相关社会组织、驻社区单位、社区社会组织、业主委员会、物业管理公司、社区居民、志愿者等的情况，做到心中有数。案例中社会工作者走访辖区内的志愿服务组织，了解其专长和运行情况。

（2）与多方力量积极沟通，建立协同合作关系，工作中要有"一盘棋"，社区社会工作者要在社区党组织活动、社区自治活动、社区服务等领域与有关各方积极接触、建立联系、夯实合作基础；社区社会工作者要在服务中树立全局意识，为社区内各类组织机构、各方力量创造更多参与的机会，力求实现社区、相关组织机构、社区居民多方参与、互利共赢，使得多方联动具有更高的互惠性、可持续性。案例中提到"推动这些志愿服务组织成立志愿服务联盟，建立志愿服务资源库，联动社区居委会，深入调研居民需求，建立志愿服务供需对接机制，促进志愿服务精准化"。

（3）发挥联系纽带、资源整合的作用，服务中要有"一条线"。社区社会工作者在社区社会工作服务中组织和引导有关多方力量，推动社区居民参与，共同为社区建设和社会治理创新、实现社区共建共治共享作出贡献。案例中提到"在项目运行中，社会工作者引导志愿服务联盟广泛吸纳社会组织、社区商户和爱心人士等多方力量参与，共同解决居民关心的问题；建立志愿服务积分制度，促进志愿服务可持续发展"。

2. 本案例中体现了社区社会工作的如下特点。

（1）以社区为对象。社区社会工作以社区这个具体的载体作为服务对象，诸如本案例中一切围绕着街道社区层面开展具体的服务。

（2）重点解决社区居民面临的具体性问题。本案例中指出：目前社区志愿者的参与积极性较高，但志愿服务存在资源碎片化、活动形式单一等问题。因此，社区社会工作立足的是居民面临的具体性问题。

（3）采用宏观结构的视角分析和介入问题。相比个案、小组等专业技术，社区介入的层面更为宏观，诸如本案例中，通过多方联动，推动这些志愿服务组织成立志愿服务联盟，建立志愿服务资源库。

（4）强调社区参与，关注人的发展。在社区层面开展工作，仍需注意要做到以人为本。本案例中"社会工作者引导志愿服务联盟广泛吸纳社会组织、社区商户和爱心人士等多方力量参与，共同解决居民关心的问题；建立志愿服务积分制度，促进志愿服务可持续发展"充分体现了这一点。

（5）重视社区资源的挖掘和运用。本案例中社会工作者充分调研了本辖区现有的志愿服务组织，摸清了底数，并在此基础上，广泛调动了社会组织、社区商户和爱心人士等多方组织、人力资源，形成了合力。

第四题

1. 影响 A 社区居民参与垃圾分类活动的主要因素有以下几个方面。

（1）参与价值。社区居民参与社区事务的兴趣，关键在于这些事务与他们的切身利益是否有密切关系，如果社区事务对其生活质量改善不大，他们就会拒绝参与。在本案例中，一方面因为宣传不到位，居民不清楚垃圾分类的意义和价值；另一方面由于存在个别居民乱扔垃圾的不文明现象，部分居民认为一个人也是白做，体现出居民因"无用感"而不愿参与社区行动。

（2）参与意愿。即使社区居民肯定参与的价值，但仍要看其是否愿意或有动机参与其中，并身体力行。在本案例中，有些居民指出，目前垃圾分类设置的物质类奖品没有太大吸引力，表现出缺乏参与动力与意愿。

（3）参与能力。参与能力受两个主要因素的影响：一是时间和金钱，在本案例中，有些居民表示，平时工作比较忙，没有时间参加垃圾分类的培训。二是知识与技巧，因为宣传不到位，部分居民不知道如何进行垃圾分类。

2. 为推动 A 社区居民积极参与垃圾分类活动，社会工作者可采取以下策略。

（1）促进社区居民对参与价值的肯定。通过社区骨干的带头引领和社区志愿者的监督管理，逐步减少个别居民乱扔垃圾的不文明现象；接受居民建议，除了目前设置的物质奖励，还要制订方案，把更多的便民服务融入垃圾分类活动奖励中，让居民得到实惠。

（2）激发居民参与意愿。通过社区教育、社区宣传，唤醒居民对垃圾分类与环境问题的关注意识；通过自愿报名、主动邀请、居民推荐等方式招募社区志愿者骨干，帮助推进垃圾分类活动开展。

（3）提升居民参与能力。首先，进行参与知识和技巧的培训。通过发放宣传单页、举办社区讲座、有奖问答等形式对居民进行教育培训。其次，妥善处理时间与资源的缺乏问题。时间方面，社会工作者有责任安排适当的开会、讲座等时间和地点，尽量考虑社区居民的要求；资源方面，可以提供适当的资金支持与补助，但在经济安排上要格外谨慎，避免养成参与者在经济方面的依赖性。社会工作者可以在社区主要垃圾箱旁，定时定点安排志愿者值班，现场指导垃圾分类方法。

第五题

1. 对案例中吴多多的境况进行总结可以发现，其面临的主要困境体现在以下几个方面。

（1）基本生存条件的保障需要。作为家中唯一的劳动力，支撑着家里所有的开销，所以从一定程度上说，吴多多艰难地维持着其家庭的基本生存需要。

（2）正常家庭生活的需要。从吴多多的角度分析，独自赡养母亲和抚养孩子对其产生的压力很大，与此同时，对孩子的成长环境来说也不是最好的。孩子没有生活在健全的家庭中，对其以后的身心发展也会产生一定的影响。

（3）再社会化的服务需要。吴多多选择以抢劫加油站的方式快速获取钱财，是错误的认知和行为，需要专业的社会工作者通过矫正计划，促使其恢复和重建社会功能，并在专业价值观指引下，提供思想教育、心理辅导、行为纠正等服务，使其消除犯罪心理结构、修正行为模式等。

2. 吴多多被判入狱给他的家庭造成了很大的打击，作为矫正社会工作者，针对其家人提供的服务主要包括以下几个方面。

（1）家庭关系协调及家庭成员心理、情绪辅导。犯罪嫌疑人被拘押和等待审判会给其家庭和家庭成员的心理、情绪带来严重影响，如夫妻关系失和、婚姻关系破裂、家庭成员心理自卑、情绪失控、在邻里和亲友面前抬不起头等，严重者甚至影响家庭成员正常的学习、工作和生活。矫正社会工作者在此种情况下可以介入其中，为家庭成员提供心理、情绪方面的辅导服务和家庭关系的调适服务，目的是协助家庭成员将事件造成的负面影响减到最小。

（2）社区资源链接以应对生活困难。犯罪嫌疑人如果是家庭收入的主要甚至唯一提供者，其被收押和等待审判会使家庭经济陷入困难境地。矫正社会工作者此时的主要工作任务是依据当地的相关法律法规，为犯罪嫌疑人的家人寻找社会资源以维持生计，如帮助申请社会救济、帮助寻找暂时性工作等。

（3）为失去依靠的家庭成员提供生活照料服务。因事件发生而失去依靠的家庭成员，如未成年的儿童少年，或年迈又无人照料的老人，也是矫正社会工作者需要关注的服务对象。社会工作者此时的工作任务是为这些因事件发生而失去依靠的家庭成员提供生活照料方面的服务，如为失依儿童寻找替代家庭或收养机构、与学校老师联系以关注学龄儿童的学业、挖掘社区资源为老人提供志愿服务等。

后　记

　　作为与我国社会工作事业同步成长的专业教师，30多年前我便开始了社会工作专业教育、研究与实务的生涯，一路走来，既有艰辛，亦有喜悦。我见证了中国社会工作事业前行的每一个足迹。其中，具有里程碑意义的全国社会工作者职业水平考试，让我看到了中国社会工作事业发展的希望。从那时起，我在教学、研究、实务之余便多了一项工作，即从事全国社会工作者职业水平考试考前辅导。在多年的辅导历程中，我看到了一线社工同人的努力和辛苦，他们的支持坚定了我为此而付出的信心。感谢中国社会出版社的信任，使我有机会把自己多年的经验和心得贡献出来。

　　本套丛书在2024年的基础上作了如下修改：一是每章按照试题难易程度进行分层分类，使考生可以循序渐进地进行演练；二是根据大纲增补内容及2024年真题新增较多试题。

　　我要感谢参与本套丛书编写的周军、孙立亚、苗艳梅、王冬梅老师，特别要感谢周军老师做了大量的校对、协调工作。还要感谢我带的研究生们，他们为本套丛书做了大量的资料收集工作。特别感谢中国社会出版社社会工作图书编辑部全体人员及其他朋友在本套丛书的编辑出版过程中付出的辛劳。

　　本套丛书各章编写工作的分工如下。

　　许莉娅：《社会工作实务（初级）考试过关分层练》第一、二、三、四、五、六、七章
　　　　　　《社会工作实务（中级）考试过关分层练》第一、二、三、四、五、六、七章

　　周　军：《社会工作综合能力（初级）考试过关分层练》第三、四、五、六、八章
　　　　　　《社会工作综合能力（中级）考试过关分层练》第三、五、六、七、十章

　　孙立亚：《社会工作综合能力（初级）考试过关分层练》第一、二、七、九章
　　　　　　《社会工作综合能力（中级）考试过关分层练》第一、二、四、八、九章

　　苗艳梅：《社会工作实务（中级）考试过关分层练》第八、九、十、十一、十二、十三、十四、十五章
　　　　　　《社会工作法规与政策考试过关分层练》第八、九、十、十一、十二、十三、十四章

　　王冬梅：《社会工作实务（初级）考试过关分层练》第八、九、十、十一、十二、十三、十四章
　　　　　　《社会工作法规与政策考试过关分层练》第一、二、三、四、五、六、七章

　　由于水平所限，本套丛书定会有不足和遗憾之处，真诚地希望读者朋友在使用过程中，通过关注微信公众号"社工图书专营店"，提出宝贵意见。

主编　许莉娅

2025年全国社会工作者职业水平考试用书

指导教材

社会工作综合能力（初级）—————————— ● 定价：65.00元

社会工作实务（初级）—————————————— ● 定价：85.00元

社会工作综合能力（中级）—————————— ● 定价：80.00元

社会工作实务（中级）—————————————— ● 定价：90.00元

社会工作法规与政策 ——————————————— ● 定价：90.00元

辅导用书·考试过关分层练系列

社会工作综合能力（初级）考试过关分层练 ——— ● 定价：50.00元

社会工作实务（初级）考试过关分层练 ————— ● 定价：60.00元

社会工作综合能力（中级）考试过关分层练 ——— ● 定价：50.00元

社会工作实务（中级）考试过关分层练 ————— ● 定价：50.00元

社会工作法规与政策考试过关分层练 —————— ● 定价：60.00元

辅导用书·星级考点一本通系列

社会工作综合能力（初级）星级考点一本通 ——— ● 定价：40.00元

社会工作实务（初级）星级考点一本通 ————— ● 定价：50.00元

社会工作综合能力（中级）星级考点一本通 ——— ● 定价：50.00元

社会工作实务（中级）星级考点一本通 ————— ● 定价：50.00元

社会工作法规与政策星级考点一本通 —————— ● 定价：60.00元

辅导用书·真题详解系列

社会工作综合能力（初级）真题详解 —————— ● 定价：50.00元

社会工作实务（初级）真题详解 ———————— ● 定价：50.00元

社会工作综合能力（中级）真题详解 —————— ● 定价：50.00元

社会工作实务（中级）真题详解 ———————— ● 定价：50.00元

社会工作法规与政策真题详解 ————————— ● 定价：50.00元

高级社会工作师考试真题详解—————————— ● 定价：50.00元